体育教学法及运动心理技能探索

焦刘洋◎著

文化发展出版社
Cultural Development Press
·北京·

图书在版编目（CIP）数据

体育教学法及运动心理技能探索 / 焦刘洋著. — 北京 : 文化发展出版社, 2023.7
ISBN 978-7-5142-4005-4

Ⅰ. ①体… Ⅱ. ①焦… Ⅲ. ①体育教学－教学法②体育心理学 Ⅳ. ① G807.04 ② G804.8

中国国家版本馆 CIP 数据核字 (2023) 第 102806 号

体育教学法及运动心理技能探索

焦刘洋　著

出 版 人：宋　娜
责任编辑：岳智勇　　　　　　责任校对：岳智勇
责任印制：邓辉明　　　　　　封面设计：守正文化
出版发行：文化发展出版社（北京市翠微路 2 号 邮编：100036）
网　　址：www.wenhuafazhan.com
经　　销：全国新华书店
印　　刷：天津和萱印刷有限公司

开　　本：710mm × 1000mm　1/16
字　　数：215 千字
印　　张：12
版　　次：2025 年 1 月第 1 版
印　　次：2025 年 1 月第 1 次印刷

定　　价：72.00 元
I S B N：978-7-5142-4005-4

◆ 如有印装质量问题，请电话联系：010-58484999

作 者 简 介

焦刘洋 1990年3月7日出生于黑龙江省哈尔滨市，研究生学历。2012年伦敦奥运会女子200米蝶泳冠军，并打破奥运会纪录。当选党的十八大代表；现为中山大学体育部副教授，任公共体育课游泳老师兼校高水平游泳队主教练，主要从事体育教学、高水平游泳队运动训练方面的工作。与粤港澳多所学校开展学术交流和人才交流，主要围绕高校、国家队、俱乐部等的体育人才交流模式、机制与优化路径等问题进行。

前　言

近年来，随着我国社会的不断发展和经济条件的不断提高，社会需要的人才不再如以往那样，只需要会某一项技能就可以，社会需要的是有知识、有能力、有思考、有眼界，综合素质水平高的综合型人才。而对于综合型人才而言，拥有强健的体魄和健康的心理是为社会做出贡献的前提。体育的重要性是其他学科无法比拟、不可替代的。此外，学校作为教育的核心地，可以说直接关系社会后备人才的培养和发展问题。文化教学如此，体育教学更是如此。虽然我国的传统体育教学可以让人们掌握部分体育技能，但对人们提高体育素质的帮助十分有限，甚至存在部分不利于我国体育教学发展的弊病。从整体上看，传统的体育教学始终没有脱离传统教育观念的束缚，是另一种形式的填鸭式教学。这种教学模式或许可以在短时间内让学生提高一定的身心素质，但从长远角度看，这种教学模式培养的学生很难满足当今社会的人才需求。想要让社会后备人才拥有合格的体育素质，就要对我国目前的体育教学进行现代化改革，让学生无论是在生理方面还是在心理方面都具备足够的素质，为他们的未来发展奠定坚实基础。

本书第一章为体育教学基础理论知识，分别介绍了体育教学的基础知识、体育教学的目标与特点、体育教学的任务与原则、体育教学的发展趋势四个方面的内容；第二章为体育教学的教学方法，分别介绍了传统体育教学方法概述、传统体育教学的弊病、现代体育教学方法；第三章为体育教学的课堂设计，分别介绍了体育教学设计的内涵与意义、体育教学设计的原则与依据、体育教学设计的特点与要求、体育教学设计的操作程序、体育教学设计的理论思考；第四章为体育教学方法的创新，分别介绍了体育教学中多媒体技术的应用、体育教学中微课的应用、体育教学中慕课的应用、体育教学中翻转课堂的应用；第五章为运动心理的理论与实践，分别介绍了运动心理学的基本理论知识、运动心理训练与竞赛前中期的应用、运动心理训练方法在竞赛中后期的调控、竞赛前中后期和恢复期的心理训练方法。

在撰写本书的过程中，笔者得到了许多专家学者的帮助和指导，参考了大量的学术文献，在此表示衷心的感谢！

由于笔者水平有限，加之时间仓促，本书难免存在一些疏漏，在此恳请同行专家和读者朋友批评指正！

焦刘洋

2023 年 1 月

目　录

第一章　体育教学基本理论知识

随着我国教学改革的不断深入发展，我国的体育教学也面临着改革，在这样的大趋势下，我们应该对体育教学的基本知识与理论有系统的了解，明确其今后的发展趋势，以此促进体育教学方法的改革与创新。

第一节　体育教学的基础知识

一、教学的概念

关于教学的概念，要从狭义与广义两个方面来理解。从狭义上讲，教学就是指教师在学校中教授学生知识，学生习得知识，教师引导学生进行以特定文化为对象的“教”与“学”相统一的活动。从广义上讲，教学并不单单指学校教学，教学的主体也并不单指学校中的教师与学生，教学是一种“教”与“学”的过程，只要是教师指导学生以某种文化为对象进行学习的活动，就是教学。在教学活动中，教师并不是主宰者，而是教学活动的引导者。教学是“教”与“学”统一的过程。在这个过程中，需要教师的组织引导与学生的努力学习。

教学，就是在一个共同的教育目的规范下，由教师的“教”与学生的“学”共同组成的一种教育活动，是“教”与“学”的统一。

二、课堂教学的追求

在学校教学中，教学的主阵地就是课堂。一群年龄、知识、智力水平差不多的学生会聚在一个课堂上，教师讲授知识、传授技能，有组织地对学生进行教学。那么，课堂教学的追求是什么呢？下面将对其进行简要叙述。

（一）“学生发展为本”的教育理念

在课堂教学中，要始终坚持“学生发展为本”的教育理念。教师对学生进行教学，最根本的目的就是培养学生成才、促进学生发展，使之成为一个个具备深厚科学文化知识、掌握实践技能、全面发展的人才。学生是祖国的未来和民族的希望，是社会主义未来的建设者与接班人，要实现中华民族的伟大复兴，就必须培养好一代又一代的学生。

1．把握“学生发展为本”的内涵

教师对学生进行教育，不仅要教授学生知识，还要教授其做人的道理。教师的功能就是教书育人，但是在日常教学中，有一部分教师只教书，忽视了育人。这样，对于教师与学生来讲，都是不利的。这种教学模糊了教学的意义，与“学生发展为本”教育理念发生了偏差，不利于学生的健康成长。

那么，在教学过程中应该如何实现育人呢？这就要求教师要遵循“学生发展为本”的教育理念，只有确定好这个定位，才能更好地育人。“学生发展为本”的教育理念，主要从两个方面去理解，即从“学生发展”和“学生为本”的方向来理解。所谓“学生发展”，就是指要促进学生的发展，要为学生的生动、活泼发展拓展空间，为学生的个性发展创造条件，为学生的全面、终身发展奠定基础。所谓“学生为本”，是指教学要始终以学生为本，在价值观上，要一切为了学生；在伦理观上，要高度尊重学生；在行为观上，要全面依靠学生。①

此外，在教学过程中，学科教师不仅要始终遵循“学生发展为本”的教育理念，还要在这个理念的基础上不断挖掘本学科的具体价值和丰富本学科的育人价值。

2．确立“学生发展为本”的目标

当确立好“学生发展为本”的教育理念时，课堂教学的目标已经相当明确了，那就是以学生发展为本。目标是一种期望结果，当确定好目标之后，它就成为一种价值尺度。在教学过程中，“学生发展为本”的目标始终在教师心中不断地发挥作用，推动着教师向这个目标不断前进。所以说，课程与教学目标是课程的社会功能在学校教育中的体现，是教学活动的出发点和归宿。这个课程与教学目标对具体的教学活动具有指引与调控作用，它能够帮助教师确定教学内容，指导教

① 郭思乐．教育走向生本[M]．北京：人民教育出版社，2001．

师的教学过程与评价过程，引导教师选择适当的教学策略；当教学过程与目标偏离时，它也能够发挥导向作用，使教学回归到原来的轨道上。

随着时代的进步、社会的发展，传统的知识传授的教学内容已经无法适应时代和社会。为了适应时代和社会，必须要对现有的教学过程进行改革，改变固有的以知识传授为主的课程，实施素质教育，培养学生的全面发展。《基础教育课程改革纲要（试行）》（以下简称《纲要》）中指出，要改变知识传授为主的课程倾向，学生要形成一种积极主动的学习态度；在获取知识与技能的过程中，教师还要培养学生形成正确的价值观。这种转变有利于实现新课程的培养目标，实施素质教育，促进学生的全面发展，对于学生多方面的素质培养及价值观的形成有着重要意义。[①]

在《纲要》中，国家课程标准确立了“三位一体”的课程目标，对不同学科的内容标准也做了详细的介绍与描述，能够指引教师向着课程目标的方向不断前进，促进学生的全面发展与终身发展。

课程目标是建立在一定的依据基础上的，教师需要通过对某些现状和需求的深入分析与研究调查，最终确定课程目标的具体内容。课程目标的主要依据有三个方面，即这个学科领域的主要发展水平与现状、学习者的需要以及社会生活的要求。要深入理解课程目标，也可以从三个方面去解读：这个课程目标反映了本学科什么样的探索与发展，这个课程目标贯彻了什么样的课程理念，这个课程目标体现了社会对于人才的哪些素质要求。在课程教学中，为了达成“三位一体”的目标，必须深入理解课程目标，不断实现教师教学方式以及教材呈现方式等方面的变革，贯彻“学生发展为本”的教育理念，促进学生的发展。

3．设计“学生发展为本”的教学

教师有了“学生发展为本”的教育理念，还必须将它转化为具体的教学行为，并在教学的设计与运作中落实。

（1）在整体的教学活动中统一地实现发展的目标

在教学活动中，针对“三位一体”的目标，教师要将它们统一地联系起来对学生进行教育，它们是一个互相联系的整体，教师在对学生实施素质建构的过程

① 《基础教育课程改革教师培训全书》课题组．基础教育课程改革纲要解读　第1辑　上[M]．北京：人民日报出版社，2003．

中，要每时每刻都展现出对学生的知识与技能、过程与方法、情感态度与价值观的目标培养。在这个三维目标中，知识与技能是最基础的。任何学习都是建立在知识学习的基础上的。学生要能够认知到这些知识与技能，然后对这些知识与技能进行深入了解，在深入了解的过程中习得一定的策略与方法，通过不断地深入研究与技能练习，才能够理解到这些知识与技能的内在意义，产生积极的情感，从而内在接受这种价值观的教育。在学生的学习过程中，学会学习十分重要。学生不仅要能够掌握知识与技能，更要学会学习、不断发展智力、不断创新思维，形成一种正确的态度和价值观，这对于学生的终身发展与全面发展都有着十分深远的意义。

（2）在交互作用中促进学生主动地发展

教师在教学过程中，一定要注意与学生的互动。在一堂课上，如果教师只是在讲授课程，缺乏与学生之间的互动，那么这种单纯的灌输知识的学习方式十分不利于学生的学习，容易导致学生的学习效率降低。在课堂学习活动中，教师与学生的交互十分重要，这不仅能够提高学生的注意力，还能够促进学生自主地学习。因此，要践行“学生发展为本”的教育理念，就需要采用这种交互式的学习方式，如问答、讨论、合作、分享等。

（3）要灵活地、有所侧重地提出发展的要求

在教学活动中，要全面落实知识与技能、过程与方法、情感态度与价值观的三维目标的具体要求。在这个过程中，这三个方面的目标并不是都要花费同样的精力，而是要根据课程内容的具体情况来具体分析。

如果有的课程比较注重知识与技能的认知与了解，那么这个时候三维目标就需要突出知识与技能目标；如果有的课程内容比较注重亲历过程，那么三维目标就需要突出过程与方法目标；当有的课程蕴含着丰富的意义、具有浓厚的情感价值倾向的时候，那么三维目标就需要突出情感态度与价值观的目标。总之，在教学活动中，实际地分析教学内容，根据教学内容的具体情况有针对性地选择应该着重的目标，并且兼顾其他。

当然，教师还应该知道，针对不同的课程内容，三维目标的达成时间是不同的。一般情况下，知识与技能目标是最容易达成的，它所需的时间比较短。而过程与方法目标需要的时间要更长一些，它主要是在知识与技能目标达成的基础上，

对过程与方法进行习得和转化。在这三者中，情感态度与价值观目标实现所需的时间是最长的，往往要经过很长时间的深入了解与潜移默化的发展才能够达到要求。出于这个原因，教师在教学时需要灵活地设置要求，通过设置短期目标与长期目标，让学生能够实实在在地得到发展。

（4）学生的发展是多种教学要素共同作用的结果

要实现学生的发展目标，仅仅依靠教师的“教”与学生的“学”是远远不够的，而是需要多种教学要素共同作用，如学生、教师、环境、教材等。这些教学要素共同发挥作用、相互影响，最终才能产生共振效应，促进学生的发展。这就需要教师与学生在课堂上积极互动，形成一个良好的学习氛围与课堂环境。教师要了解学生的生理、心理发展状况及学习状况，根据学生的现有学习情况及学生的要求进行课程资源整合、开发与利用，不断在沟通中改进与提高。在教学过程中，教师的教学态度、学生的学习氛围及教材的思想倾向等都在潜移默化地影响着学生的价值观。

（5）重视内隐目标和非预期目标在促进学生发展中的作用

很长一段时间内，教师都在教学过程中过于强调行为目标的重要性。这种外显性的目标比较明确，而且可操作性比较强，具有很多优点，不过，它并不完全符合学习发展的实际。如果教师仅仅使用这种外显性的行为目标，重视学生的一些外显行为，就会忽视更重要的一些层面，即学生的思维方式、情感态度、价值观等。这种行为目标忽视了内隐目标，而内隐目标在学生发展过程中有着不可或缺的作用，对学生的全面发展与终身发展有着十分重要的意义。学生的想象、创造等内部活动，学生的感悟与自我意识发展等都与其有着莫大的联系。因此，国家课程标准将课程与教学目标划分为两类，将外显行为与内隐变化结合起来，一类是“知识与技能”领域的结果性目标，另一类是“过程与方法”“情感态度与价值观”的体验性目标。

另外，还要重视非预期目标在促进学生发展中的作用。教师不仅要教授学生知识与技能，更重要的是培养学生的创造思维与创新能力。这就要求课程与教学目标不能过于教条与刻板，而是要更加开放与生动。在教学过程中，对于课程内容的解读应该是丰富的、开放的，学生与教师通过不断地碰撞产生各种有意义的解读，学生的思维不断地被拓展，创造潜能得到激发，在学习中能够得到趣味与自由，从而可以更加主动地参与学习。这时候，各种新的非预期的目标也就会被引发和生成出来。相比那些预期目标，这种非预期目标的产生十分难得，而且也更加有意义，正如劳伦斯·斯腾豪斯（Lawrence Stenhouse）所言：教育即引导儿童进入知识之中的过程，教育成功的程度即它引发的学生不可预期的行为结果增加的程度。①

（二）"基于学生经验"的内容组合

作为现代课程理论的奠基之作，拉尔夫·泰勒（Ralph Tyler）于1949年出版的《课程与教学的基本原理》中提出了现代课程理论的基本构架，即学校应当达到哪些教育目标？提供哪些教育经验才能实现这些目标？怎样才能组织这些教育经验？我们怎样才能确定这些目标得以实现？②显然，在泰勒的原理中，"选择经验"和"组织经验"是指向课程内容的。

1. 课程含义的多样化理解

关于课程的含义有许多理解，造成这种多样化理解的直接原因就是不同研究者的出发点与研究角度不同。而课程含义多样化理解的根本原因是课程本身具有复杂性。

长期以来，我们对课程的看法基本遵循"双基论"，认为学科的基础知识与基本技能是课程的核心与本质，这是一种"知识本位"的课程观。这种课程观虽然起过积极的历史作用，但随着时代的发展和社会的进步，它与培养全面发展、终身发展、主动发展的一代新人的任务出现了脱节，它以培养创新精神与实践能力为重点，以德育为灵魂的素质教育要求，显然与任务存在着脱节。因此，怎样真正认识课程的本质已成为课程建设与课程实施中一个不容忽视的问题。

2. 对课程本质的一种解读

随着社会发展对人才培养不断提出新要求，课程的含义也日益拓展了。特别是自20世纪60年代以来，强调"课程是教学科目"的课程观受到了挑战，学校生活中那些非学科的"经验"受到了重视，认为这些经验对学生的态度、动机、价值观的形成和发展有明显的作用。也就是说，传统的课程是指教学科目的课程，而随着社会的发展，课程的含义逐渐变为学校环境中的全部经验。另外，课程单

① 周小山，严先元．农村教师专业发展导引 给农村教师的建议[M].武汉：华中师范大学出版社，2006.

② 泰勒．课程与教学的基本原理[M].罗康，张阅，译．北京：中国轻工业出版社，2008.

向的传递过程的观念也受到了挑战。人们开始意识到课程的传递过程是一个双向互动的过程，课程是指在双向互动中获得经验的过程。当然，教学的科目、课业的结构及其进程作为课程的基本内容，一般还是被人们认同的。

因此，可以从把握课程本质的角度对课程做这样的解读：课程是学生经验的建构，是师生在不断互动中获得意义的过程。把课程解读为学生的经验有以下几个方面的意义。

第一，使用经验来定义课程本质有更强的概括性。这不仅适用于指导和建立今天以间接经验为主的课程，也能够说明和阐释教育尚未与社会生产、社会生活分离时以直接经验为主的课程，更有助于构建着眼于受教育者个性发展的现代化课程；既可以支持人类社会历史总体经验在课程中的地位，也可以解释学习者个体经验在课程中的意义；不仅涵盖着课程中的科学知识，而且将往往在知识之外还需专门提出的技能也合理地涵盖进去。总之，将课程解读为学生的经验，不仅可以确保课程内容的完整性，还能够丰富课程的内在含义。

第二，“课程”一词普遍情况下被人们理解为课程的内容，也就是课程里的知识。但是，课程并不仅仅只包括知识，在教学过程中，学生的参与也十分重要。在知识本位的课程观中，往往从教育内容的维度上去理解课程，即课程是各种知识的系统表达。但实际上，课程还包括学习者与课程的相互作用。知识成为课程的条件就是学生的参与。在经验本位的课程观中，只有学生与知识发生了相互作用，课程才是真正存在的。课程应该包括学习者占有与获取知识的这个活动过程。课程的范围要比知识大，知识是构成课程的必要条件，但不是充分条件。学习者占有和获取知识的这个活动过程，也就是学生经验的掌握过程。因此，学生与知识的相互作用的形式可以通过经验来说明。

第三，“课程是知识”的命题将学生看作单方面的知识接受者，这个命题没有体现出学生与课程的互动。而“课程是经验”这个命题则反映了学生与知识的相互作用，学生只有与知识产生了互动才能够产生经验。该理论体现的思想理论水平要更加深刻。在学生与课程的主动作用中，学生不仅能够体会到自己能力的提升、智慧的开发，还能够体会到个性发展的需求，从而正确地认识自己、客观地看待课程、不断发展自己。每个人的认识能力及其特征的差异是客观的，发挥自身主动作用需要的不仅仅是记忆和理解，还有想象、尝试、反思甚至创造。

3．“基于学生经验”的教学含义

把课程视为学生在学校中习得的经验，要求教师组织好基于学生经验的教学，其深层含义在于强调课程与教学是经验的获得和意义的建构。

（1）课程内容要转换为学生头脑中的经验与体验

一般情况下，课程内容是存储在教材和其他课程资料中的。这些课程内容要想转化为学生头脑中的经验与体验，就需要教师对这些课程内容进行讲解示范，然后学生学习知识，并且在头脑中与已有的经验相互联系，进行意义建构，从而转换为头脑中的经验系统。

（2）课程是人类共同经验与个体经验的融合

课程知识或书本知识是人类社会历史实践经验的概括和总结，是一种间接经验和公共知识。学生要理解和掌握这些知识，就必须用自身的经验去解读它，使公共知识与个人经验得以融合，这样才能真正使课程知识具有个人意义，产生对知识的独特的个性化理解。

（3）课程是学生主体活动的过程和结果

课程并不是一堆静态知识的集合。课程应该是学生获得知识之后，经过与头脑经验的相关联系、组织，重新作用于大脑，最终得出的鲜活认识与体验，它并不是静态的，而是需要在动态的活动过程中不断发展的。学生只有深切地感受到知识的产生与发展过程，才能够真正地理解它，并从中获得丰富的知识经验与情感体验。

（4）课程是师生在互动中生成的意义

课程并不是通过教师对学生的知识灌输而形成的，而是在教师与学生、学生与学生的交往互动中，经“社会协商”而达“视界的融合”才得以实现的。在交往互动中，学生能够形成真正的对知识的理解与感悟，并在大脑内产生一种丰富的情感体验。这种互动过程促进了学生认识的发展，并进一步充实和丰富了课程本身。从这个意义上讲，课程和课程实施都应当是开放的，而且是动态发展的。

（5）课程是学生在学校习得的全部经验的总和

课程并不是单单指在学校内的正式的教学课程，还包括学生的课外活动。课程，也不仅指课堂上的知识内容，还包括校园文化对学生形成的潜移默化的影响等。课程是学生在学校习得的全部经验的总和，这其中包括各种教学活动、课外活动及学校环境与氛围的影响等。因此，如果学生通过学校内的某种事务获得了一些经验，那么这也算到学生的课程之内。

三、“教”与“学”的关系

当“教”与“学”作为两个不同的动词和动作出现时，其意义为过程；当作为两个不同的名词和与此有关的人的行为出现时，其意义为活动。这种活动是单独的、双边的，也是共同的、统一的。“教”与“学”是两种活动、两种过程。

“教”是教师的行为和动作。“教”的意义一般是指“讲授”“教授”“传授”，还可指教学。前者是一种较古老的“教”，后者是把“教”作为一种职业，即教授学生的职业，没有把“教”和“学”分开，也可作为“教授”的代名词。

“学”一般与“习”连用。“学”，指学生的行为与动作，是一种外在的动作状态；“习”，指学生的习得，是一种内在的状态，即内在是否获得了知识。“学”，不仅仅指学生的“学”，还包括社会上的或者其他领域的人的“学”。“教学”中的“学”，包含了“学”与“习”的共同内容，即指外在的学习状态与内在的获得知识的结合。

在教学活动中，存在着一系列错综复杂的教学关系，其中最根本的关系便是“教”与“学”的关系。要想深入研究教学过程，就必须深入研究教学问题，厘清“教”与“学”的关系，揭示其中蕴含的内在规律。

“教”与“学”是两类不同的活动。这两种活动是单独的，分别由教师和学生进行；原则上是可以独立存在的，但实际上是分不开的。不能只强调“教师中心论”，也不能只关注“学生中心论”。

一方面，只“教”是不行的。因为“教”需要对象，没有对象的“教”是无意识的“教”，不可取。教学的形式大多是指课堂的教学，有意识地教，有意识地学；有教材的教，有教材的学；有计划地教，有计划地学。这是基本原则。因此，教学是一个双边互动的过程，需要教师的“教”与学生的“学”共同参与。同时，教学活动的目标也是一致的，学生与教师都在向着同一目标不断前进。人们发现不管教师数量多少和水平如何，用什么教法，总有一些学生学得不错，但也总有那么几个学生是班级最后几名。此外，一个教师用同一种方法使用同一本教材教学，有的学生一段时间学得很好，而另一段时间却恰恰相反。

另一方面，片面地强调“学”也是不科学的。“学生中心论”把“教室”变成了“学室”，把“教材”变成了“学本”等。总之，要把以教师为中心变成以学生为中心。这种理论认为教师的主导作用和学生的主体作用是教学的一般原则。这无疑是一大进步，不仅认识到学生在教学中的作用，还认识到“教”与“学”不能互相代替，既不能以讲代学，以讲代练，也不能放任自流。

总之，教学就是教与学，不是只教、只学，更不是简单地将教与学组合在一起。教学过程需要教师与学生共同参与。在教师讲授知识、学生接受知识这个过程中，教师与学生还要进行互动，在互动中将教与学统一起来。

四、体育教学的构成要素和规律

要了解体育教学，就要先了解普通教学。体育教学既有普通教学共有的特征，又有自身的特殊性。与其他普通教学一样，体育教学也是教师传授知识与技能、学生进行学习的一个教学过程。体育教学活动也是一种有目的、有计划、有组织的教学活动。同时，体育教学也是一种特殊的教学，它在向学生传授知识的基础上，还注重对学生体质的锻炼。目前，体育教学不仅包括学校中的体育教学，还包括社会上的体育教学，以及各种竞技运动的教学等。通过对其共有特征与独有特征的了解，可以对体育教学进行以下定义，即体育教学就是指在学校教育中，体育教师对学生进行的有目的、有计划、有组织的教学，在体育教学过程中，学生要积极掌握各种知识与技能，增强身体素质，养成良好的思想道德素质，使身心不断健康成长。

（一）体育教学的构成要素

要了解体育教学的构成要素，就需要先对体育教学进行深入分析、研究，然后才能得出结论。体育教学的过程可以看作一个整体的系统，即体育教学系统。这个系统是一个多层次、多要素的复杂的系统。因此，要分析体育教学的构成要素，就需要研究分析体育教学系统的多个要素；而体育教学系统的要素，也就是体育教学过程的要素。

在体育教学过程中，有许多不同的层次，但是在这些层次内的要素是相同的。

关于体育教学的组成要素主要有三种不同的观点，分别是三要素说、四要素说和五要素说。

三要素说认为，体育教学系统是由体育教师、学生和体育教材三个基本要素构成的；四要素说认为，体育教学系统是由体育教师、学生、体育教学内容和体育教材手段四个要素构成的；五要素说认为，体育教学系统是由体育教师、学生、体育教材、体育教学方法和教学物质条件五个要素构成的。

从以上几种观点可以看出，无论是哪种观点，有三个基本的要素是相同的，即体育教师、学生和体育教材。体育教学活动的主体是人，体育教学过程是教师与学生双边统一活动的过程，因此体育教师和学生是体育教学必不可少的两个基本要素。除此之外，它们共同的作用对象是体育教材。在这一教学过程中，教师是通过教材这一媒介与学生发生互动的。体育教学系统的构成要素主要是体育教师、学生和体育教材，它们之间是相互联系、相互依存和相互作用的。

学生作为正在成长中的、学习中的主体，彼此之间千差万别，同时由于学生直接参与体育教学，学生在体育活动中呈现的差异更加明显与突出，更需要教师加强对学生的认识了解。每一位学生无论是在体形、体能和身体素质，还是在情感、气质、性格、兴趣、爱好以及个性等上，由于遗传、家庭、学校和教育等方面的原因，表现出明显的差异性。

体育教师在体育教学中担负着重要的使命——培养人才。因此，无论从哪个角度讲，体育教师都是体育教学系统中起关键性作用的因素。体育教师的个性、能力、水平、事业心、责任感及其与学生的关系和在学生中的威信，都对体育教学的效果产生重要的影响。

体育教材指体育教师指导学生体育学习的教育材料，它是体育教学中师生相互作用的媒介，是体育教师要教，学生要学、练的对象。体育教材的选择与组织，一方面，要考虑社会发展的需要，尤其表现在社会发展对教育、学校体育目标的制约；另一方面，要考虑体育运动特点，要充分考虑学生对体育教材的理解、接受与喜爱的程度。体育教材的内容范围、难度等都直接影响体育教学的成效，也直接影响学生的身心发展。

（二）体育教学的规律

1. 遵循教学与学生身心发展水平相适应

在不同的生理发展阶段，学生的身体素质、心理状态、个人性格等都有着很大的不同。在教学过程中，学生是主体，所以教学内容始终都要与学生的身心发展水平相适应。在体育教学过程中，也要始终遵循这个教学规律。因此，体育教师要了解学生的生理健康状况与现有的发展水平，有针对性地对学生展开体育教学，采用合适的教学方法与手段，最终达到体育教学的目标。

2. 遵循学生生理、心理指标的起伏变化

教师在教学过程中，要时刻关注学生，不仅要关注学生生理上的负荷，还要关注学生心理上的变化。在体育课堂上，学生会有各种各样的情况，如注意力不集中、打瞌睡、与同伴闲聊等，这些都会影响学生的学习效率，还会对学生的心理状况产生不同的影响。当然，课堂上出现这种现象很正常，最重要的是教师需要仔细了解这个规律，然后依照这个规律进行教学设计，从而使学生的生理、心理的起伏变化保持在一个合理的区间。

3. 遵循感知、思维和实践结合

在体育教学过程中，学生的学习过程就是感知、思维与实践相结合的过程。首先，学生从教师那里得到理论知识，这需要用眼睛去看、用耳朵去听、用大脑去思考，训练的是学生的感知力和思维力。其次，学生依照教师的规范动作进行练习，不断训练自己的身体协调能力，锻炼的是实践能力。无论是在获取知识还是动作练习过程中，学生的思维能力都得到了锻炼。因此，在体育教学过程中，感知、思维与实践三者是紧密结合的，缺一不可。这也是在体育教学过程中需要遵循的一条规律。

4. 遵循掌握体育知识技能螺旋式上升的规律

在体育教学过程中，教师需要遵循掌握体育知识技能螺旋式上升的规律。当学生习得某些知识、技能之后，体育教师要对其加以强化，从而实现知识与技能的巩固与提高，如在体育课上，对于上一节或者前几节的教学内容进行复习等。

第二节　体育教学的目标与特点

一、体育教学目标概述

（一）体育教学领域的术语及其关系

体育教育领域中，与体育教学目标相关的术语较多，如体育教学目标、体育教学任务等，人们容易混淆。为了区分这些容易混淆的术语，笔者针对这些术语的概念进行了介绍与分析，同时还对它们的关系进行了相关解释。

1. 体育教学领域的术语

（1）体育教学目标

目标是指活动预期结果的主观设想，在整个教学活动中为教师指引着方向。体育教学目标就是指体育教学方面的预期成果。这个预期成果可分为两个类型，即最终成果和阶段性成果。最终成果，也就是体育教学的总目标，即体育教学最终要达到的成果。阶段性成果，即在体育教学过程中的某个阶段要达到的成果，也可以叫体育教学的阶段性目标。

（2）体育教学目的

目的是指行为主体完成某件事情的初衷。体育教学目的是指人们设立体育学科和实施体育教学行为的初始意图。在整个体育教学过程中，体育教学目的也起到指导作用，它把握着体育教学的进展与方向，对体育教学提出了概括性的、总体性的要求。①

（3）体育教学任务

任务是指应该担负的工作与责任。体育教学任务是指在体育教学过程中，为了完成体育教学的目的与目标应该承担的职责及应该做的一系列工作。

2. 体育领域教学术语之间的关系

各个阶段的体育教学目标综合起来之后的那个总体目标，就是体育教学目标。体育教学目标，是体育教学方面的预期结果，也是实现体育教学目的的标志。为

① 夏越．现代高校体育教学研究[M]．北京：北京理工大学出版社，2019．

了实现体育教学目标与体育教学目的而承担的职责与应该做的工作就是体育教学任务。

（二）制定体育教学目标的依据

1. 对学生的研究

教育是一个改变人行为方式的过程。这个“行为”是从广义上说的，既包括外显的行动，又包括思维和感情。从这个角度去认识体育教育时，如果想要体育教育达到预定的目标，教师就必须对学生进行各方面的研究。

（1）学生身心发展的规律

体育课程的主体是学生，体育教育的工作要求、内容选择、安排和组织形式，以及教育、教学、训练方法、手段等，都要以遵循学生身心发展的规律为前提。学生心理发展的主要特点包括学生的认知发展、情感和意志发展、个性发展三个方面；生理的主要特点包括身体的形态发育、机能发育和素质发展三个方面。不同年龄的学生，学生身心发展的特点是不一样的。体育教育工作必须结合学生身心发展的特点来进行，这样才有针对性，才能达到预先设定的目标。

因此，在确定体育课程目标时，一定要仔细深入地对学生进行分析研究，充分了解学生的身心发展特点，总结出学生身心发展的规律。在确定好体育课程目标之后，体育课程的大体方向便有了，这时候就需要教师不断地指导学生实践，最终才能实现体育课程目标。

（2）学生全面发展需要

目前，教育学中有一个十分重要的问题，那就是教学与发展的问题。教学，就是指教师的“教”与学生的“学”，而发展是一个值得探究的问题。在很多情况下，教师教授给学生客观真理，学生只需被动接受并掌握应用即可，但这在一定程度上造成了一种盲从现象，使学生的主体意识减弱，不利于学生的发展。实际上，在探究课程时，不能仅仅着重那些浅层次的知识与理论，还要在课程中不断深入探索，抓住其中那些深层次的意义与内涵，将课程与学生的发展联系起来，从而将课程研究提升到一个新的水平。“发展”主要是指人的发展。在教育学领域，一个具有个性的人通过后天的教育与学习逐渐掌握了各种知识、技能、情感、品德等，使德、智、体、美、劳得到全面发展，变成了一个独特的具有社会创造力的社会成员。

在教育学中，人的发展主要包括两部分，一部分是个体的自然发展，一部分是个体的社会发展。个体的自然发展是指在自然成长因素下的成长与发展，如人的生理、心理上的发展等；个体的社会发展是指在一定的后天教育情况下、在社会发展因素下的成长与发展，如人的知识与技能、道德素质。人的自然发展与社会发展是密切关联、相辅相成的。学生在成长过程中会受到自然成长因素和社会发展因素的影响。因此，不同的学生个体即便是在同一个教育环境下仍然会表现出不同的学习能力和发展水平。在体育课程中，学生是主体，教师要通过体育的手段去引导学生学习，不断发展学生、培养学生，从而使每一个学生个体都能够健康地成长，达到社会所要求的人才标准。

在体育课程中，重点是发展人，因此，当体育课程目标时，必须遵循人的发展基本规律来设计、制定并实施。无论是群体的人，还是个体的人，其发展的规律和状况都应该成为制定体育课程目标的基本依据。

2. 对社会的研究

对社会的研究主要是研究社会发展的各方面需要，包括社会政治、经济、科学文化、生产力的发展水平对体育课程提出的要求。当今世界正处于激烈的国际竞争阶段和新技术革命的挑战时代，科技与人才十分重要，关系着国家发展的命脉。而要不断发展科技、培养人才，就需要大力发展教育。面对新的形势，体育课程要根据新形势对人才的要求，考虑我国为体育教育提供的合格体育师资的数量与质量、场地、器材设备、工作经费等的实际情况，制定出科学合理的体育课程目标。

当然，在社会研究方面，教师不能仅仅注意到社会发展对各方面人才的需求，还要注意到社会文化传承的需要。从古至今，随着时间的推移与社会的发展，中华文明也在不断地传承与创新。在如今这个科技不断发展、各国紧密交流的时代，社会文化也要跟上时代的脚步，不断汲取中华优秀传统文化的精髓，不断地将它传承与发展下去。

教育是个人发展和社会发展的手段，就其本质而言，它是实现人类文化传承的主要手段。因此，体育教育是体育文化传承的主要手段，而体育教育的核心就是体育课程。体育课程的文化传承功能主要体现在以下几点。首先，体育本身就是文化现象，学习体育就是接受体育文化熏陶。体育作为国际社会文化现象由来已久。现代体育的产生和发展与近代文化发展史息息相关。通过学习体育课程，学生能够接触并认识一定的社会文化。其次，体育课程又是体育文化传承的媒介，学习体育为传承体育文化提供了捷径。学习体育的一大好处就是能为学生打开认识体育文化的大门。最后，体育课程本身的功能特点，有利于体育文化的传承。在现代体育教学中，体育文化的传承途径十分丰富，教师要选择适合的途径来传承中国体育文化。

3. 对学科的研究

在制定体育课程目标时，不仅要深入了解学生的具体需求，探究社会对于各方面人才的需要，还要对学科进行深入研究，了解各学科的发展现状与未来趋势，寻找此学科与其他学科之间的联系。在教学中，教师传递给学生各种知识与技能，学生能够深入了解各学科领域的相关内容，通过不断地练习，最终不断丰富自己的理论知识文化水平，提高自己的实践能力。因此，在体育课程目标制定过程中，应该有一个十分重要的依据。

体育课程本身的功能是提供制定课程目标的重要信息，是课程内部特性的反映，是课程实施过程中，学生所要获得的体育教育的结果。体育课程本身具有非常多的功能，如常见的教育功能、竞技功能、健身功能、娱乐功能等。

由此可见，只有依据这些功能所确定的体育课程目标，才能充分发挥学校体育的作用，使目标的实现成为可能。

（三）体育课程目标的层次结构

体育课程的目标应该是什么呢？是促进学生的全面发展，是增强体质，是促进健康，还是学会某项运动技术？从这些目标中可以看出，它们之间并不是处在同一层次上的。此外，对于同一层次的目标而言，还存在不同领域和水平的区分。这些不同层次结构的课程目标所具有的功能也是不同的。下文将从纵向层次和横向关系来对不同层次的体育课程目标进行分析。

1. 课程目标的纵向层次

从纵向层次上来分析课程目标之间的关系，可以将课程目标划分为四个层次，根据其范围由大到小排列，分别是教育目标、培养目标、学科领域的课程目标及教学目标。其中，教育目标是课程的总体目标，范围最大；培养目标是教育目标的具体化，但其涵盖的内容还是不够详细；学科领域的课程目标是指培养目标在特定课程领域内的具体化；教学目标是学科领域的课程目标的具体化，是某一学科内的某个课程的总体目标，一般由教师制定。下面将对这几个不同层次的课程目标进行简单的分析叙述。

（1）课程的总体目标——教育目标

教育目标与社会的价值观一致，展现出对于社会合格成员的具体要求，是所有课程的总体目标，它并不讲述具体的某个课程的目标，而是所有课程的高度概括性的目标，常常被写进重要课程文件，或者被写进国家法规。

从国家或整个社会的角度来看，教育目标只能是总体性的、高度概括性的，而不可能是具体的、“菜单式”的。就课程编制而言，总体目标具有导向性，渗透在课程编制的各个方面，可运用于所有的课程实践。例如，在考虑课程的宏观结构时，必须服从教育目标的根本方向。例如，在决定课程的具体内容时，必须保证与教育目标要求相符合，像义务教育阶段各门课程的设置，能否满足学生全面发展的要求；各门课程选择和涉及的内容是否与学生全面教育目标方向相一致；等等。人们从总体上考虑和判断具体课程的意义和价值、课程结构的科学性、课程内容的合理性时，经常是以教育目标作为根本依据的。

（2）课程的总体目标的具体化——培养目标

课程的总体目标——教育目标，是整个国家各级各类学校必须遵循的统一的质量要求。各级各类学校根据国家的教育目标和本学校的性质、任务对培养对象提出特定的要求。这就是人们平时所讲的培养目标，如基础教育、高等教育、职业教育等培养目标。培养目标是总体目标在各个教育阶段或不同类型学校中具体化的体现，两者没有实质性的区别。

尽管培养目标是教育目标的具体化，但仍然具有高度的概括性，如通常用“发展学生文化、科学、技术的基础知识和基本技能”等表达方式，它并不涉及具体的学科领域，而只是给各个教育阶段和各级各类学校中的各种学科课程的编制提供相应的依据。同样，各个教育阶段和各级各类学校中体育课程也是根据培养目标编制的。

（3）学科领域的课程目标

学科领域的课程目标实际上就是人们通常意义上讲的课程目标。这一层次的目标适用于一定阶段的具体课程。要研究的体育课程的目标就属于这一层次。这个层次上的目标比培养目标更为具体，可以说是培养目标在特定课程领域的表现。课程目标是确定教学目标的基础，是指这个课程本身要实现的具体目标及最终要达到的具体要求。要确定学科领域的课程目标，就需要考察好两个方面的问题，一方面是学科领域的相关问题，另一方面是总体的教育目标与培养目标的要求。首先，需要明确教育目标、培养目标的要求，厘清它们之间的关系，在课程目标创设过程中，需要将这些要求放入其中；其次，对于本学科的发展、社会的需求及学生的特点都要进行深入的研究分析，并确定出行之有效的学科领域课程目标。这种学科领域的课程目标比较具体，它规定了某一个教育阶段的学生在完成学科课程的学习之后，在智力、品德、体力等方面要达到的具体程度，不仅能够使各门课程注意到学科的逻辑体系，还能够关注到学科的课程内容与社会需求之间的关系。体育课程的目标，就是在明确教育目标、培养目标的基础上，通过分析体育学科本身的特点、未来的发展、学生的特点及社会的需求而制定的。

（4）学科领域的课程目标的具体化——教学目标

教学目标是在课程目标的基础上确定的，是学科领域的课程目标的具体化。课程目标，是某一学科课程的总体化的一般目标，将其再进行细化，就是单元的教学目标，对单元教学目标进行具体化之后，就是课的教学目标，这也是最微观层次上的课程目标。课的教学目标往往十分细化，与具体的情景联系在一起。教师通过课程教学目标细致地展开教学，一步步地最终完成学科领域的课程目标。

一般情况下，教学目标是由任课教师制定的。任课教师制定体育课程的教学目标的基础就是学校确定的体育课程的实施方案及以单元为基础的全年教学计划。在教学过程中，教师通常要制订以课为单位的课时计划和以单元为单位的单元计划，通过课时计划和单元计划对学生进行计划教学。这二者相比较，发现在以前的传统教学中，教师往往更注重课时计划，将一堂课看作一个基本的教学单位。但是随着改革的发展，这种观念逐渐转变了，这主要是因为一堂课的时间太少，教师往往不能完整地完成一个教学系列。因此，之后，教师应当更加重视单元计划的构建与设计，从而使学生能够更加完整地完成一个教学系列。

2. 课程目标的横向关系

课程目标的横向关系实质上反映了各种目标的区分和相互关系。目标领域是指预期学生学习之后所发生变化的内容领域。在教育目标这一层次上，我国通常用“德、智、体”或“德、智、体、美、劳”来划分目标领域。无论怎样划分目标领域，各领域对总的目标来说都应当具备逻辑的合理性，它们彼此之间在相互关系上可能是并列和平行的，使课程目标更加具体、清楚和明确，但也必须是个相互联系的整体，每个领域都不能脱离其他领域而单独实现课程目标。①

（四）体育教学目标与体育学科功能、价值的关系

1．体育学科的多功能

体育学科中的各种体育活动是从不同的文化现象中产生的。例如，这些体育活动分别从竞赛、军事、民间娱乐、养生保健等不同文化现象中产生。由于这些不同的文化现象本身的特点、内容等的不同，它们所形成的这些体育学科的功能也是多种多样的。

2．体育学科的价值

价值与功能，尽管看起来含义有些相似，但是二者还是有很多不同的地方。价值是指使用者在使用这个事物时的态度与选择，这与其价值取向有关；功能，则是指这个事物本身所具有的固有的作用范畴。体育学科具有多功能性，其价值取向也是多样的，二者具有十分密切的联系。体育学科的功能是固定的，在不同历史背景下的国家中，对于不同的人来说，体育学科被赋予的价值是不同的。体育学科的价值是多样化的，人们在面对体育学科的价值时，并不只是追求其某一个单一的价值，而是在追求其多重价值。

3．体育教学目标、体育学科的功能及价值之间的关系

功能是一个事物固有的作用范畴；价值是使用者赋予某个事物的一种价值取向；目标是使用者的期望方向，是人们渴望实现的最终结果。三者的意义与属性不同：功能是固有的、客观的属性；价值是外在赋予的、主观的属性；目标是使用者根据功能进行价值取向后的一种行为效果指向。在不同的历史和社会阶段，体育学科的功能是不变的，不过，它的价值取向始终在不断地改变，而目标是使用者根据功能进行价值取向后的一种行为效果指向，因此，体育教学的目标也是在不断地改变。

① 刘佳，杨辉．体育课程教学论[M]．延吉：延边大学出版社，2017．

（五）合理制定体育教学目标的意义

在体育教学过程中，体育教学目标十分重要，它是体育教学设计的要求，是衡量体育教学质量的标准，调节着整个教学过程，蕴含着人们对于体育教学的价值期待。合理制定体育教学目标的意义主要体现在以下几个方面。

1. 充分发挥体育学科教学的功能

体育教学的目标，是对于体育教学的最终价值期待，是体育教学的前进方向，它充分发挥着体育学科的功能。一个合理的体育教学目标，能够使教师明确体育教学的前进方向，更好地发挥体育学科教学的功能。在体育教学中，学习技能的目标可以实现体育学科的教学功能，愉悦身心的目标可以实现体育学科的乐趣功能，提高身体素质的目标可以实现体育学科的健身功能，等等。在体育教学过程中，如果教师制定了错误的体育教学目标，那么就会不利于体育学科教学功能的实现，从而影响体育教学的质量。

2. 保障实现体育的教学目的

体育教学目标的形成，有利于实现体育的教学目的。在体育教学过程中，体育教学目标指引着教师教学的方向，是体育教学目的实现的标志。当学生达到体育教学目标所要求的标准之后，这时体育教学的目的也就实现了。例如，学生感受到轻松愉悦是促进学生有兴趣地参与的标志，学生的身体素质提高是实现学生健身目的的标志，学生的运动技能得到提高是增强学生的实践能力的标志，等等。在体育教学过程中，一定要多方面、多角度地考察，确定好体育教学目标。如果没有确定体育教学目标或者制定了错误的体育教学目标，那么就无法实现体育教学的目的。毕竟，如果终点不明确，那么体育教学目的又谈何实现呢？

3. 确保层层目标衔接，最终实现总目标

在体育教学过程中，如果制定好了每一阶段的体育教学目标，并按照步骤依次完成，并把每一阶段的体育教学目标相互衔接组合在一起，最终就能够完成总的体育教学目标。要完成总的体育教学目标，就必须确定好每一阶段的体育教学目标间的层层衔接，这是完成总的体育教学目标的可靠保障。

4. 明确和落实体育的教学任务

在体育教学过程中，体育教学目标是教学目的实现的标志，它决定着体育教学的方向。不过，仅仅明确方向还是不够的，还需要有具体行动。体育教学目标明确和落实体育教学任务，为体育教学的具体行动提供依据。教师根据体育教学目标确定好方向，然后沿着这个方向展开具体行动，进而能够有的放矢地展开教学。

5. 规约了体育教学过程

体育教学目标指导着体育教学过程的方向。体育教学总体目标规定着体育教学过程的大致进程；体育教学的阶段性目标明确了体育教学的细致化教学要求，即在体育教学过程中应该先达到什么样的结果，再达到什么样的结果。一个比较清晰的体育教学目标，有助于体育教师控制与调节体育教学活动，从而更加科学地进行每一阶段的体育教学设计。

6. 指引、激励教师的“教”与学生的“学”

目标代表着最终要达到的期望与方向。一个明确的目标，能够激励人们不断前行，促使人们产生行动的动力。一个合理的体育目标指引着教师的“教”与学生的“学”。无论是教师的“教”，还是学生的“学”，都是建立在一个合理的体育目标的基础上的。尽管体育教学目标并不是完全由教师与学生制定的，但是体育教学目标还是在一定程度上反映了教师与学生最终的期望方向与其要达到的预期结果。体育教学目标为体育教师指明了前进方向，指引教师努力工作，不断解决教学中遇到的困难，不断发现问题、解决问题。体育教学目标为学生的体育学习指明了方向，学生能够明白自己与既定目标之间的差距，更加客观地看待自己，并向着教学目标不断地努力。

7. 形成检验教学成果的标准

体育教学目标明确了在体育教学过程中应该达到的要求。因此，它可以作为检验教学成果的标准。在体育教学过程中，阶段性的体育教学目标是衡量阶段性教学成果的标准；在体育教学过程终结之后，总体性的体育教学目标是衡量最终的总体教学成果的标准。

（六）体育教学目标的外部特征

体育教学目标的外部特征是指体育教学目标的内容以外的部分，能够对体育教学目标的内容进行规定的标志与特点。体育教学目标的外部特征主要有以下两点。

1. 体育教学目标的功能与特性

体育教学目标具有很多不同的层次，这些不同层次的体育教学目标有着不同的功能与特性。体育教学目标的功能与特性，也就是其目标的定位与特点，在制定体育教学目标时，一定要注意区分，以免产生混淆，从而影响教师与学生的“教”与“学”。例如，学段体育教学目标、单元体育教学目标都是体育的相关教学目标，但是二者的范围大小是不同的，它们所具有的功能与特性也是不同的。

2. 体育教学目标的着眼点

体育教学目标有着不同的层次、内容与阶段，这些不同层次、内容与阶段的体育教学目标有着不同的着眼点。着眼点就是指围绕着什么来写的问题，也就是其中应该着重关注的部分，如这个体育教学目标应该达到的具体要求等。可以说，体育教学目标的着眼点就是辨别体育教学目标功能的“观察点”。例如，学段体育教学目标与单元体育教学目标是不同的。学段体育教学目标着眼于这个学段内，学生能够学到什么、发展什么，在某个学段内的教育，涉及很多运动教材，不能仅仅只围绕某一个来写，而是要围绕着一个大的概括方面来写，围绕着学生的身心发展特点来描写这个学段应该让学生学到什么。单元体育教学目标，与学段体育教学目标相比范围比较小，描述的是某个单元内的体育教学目标，因此，其内容可以围绕着某一个运动技能学习来描写，讲述在这个单元内学生应该学到什么，这个运动技能应该让学生发展什么，等等。

（七）体育教学目标的内部要素

体育教学目标内还有其内部要素，这也是体育教学目标内十分重要的组成部分。如果一个目标内并没有完整的内部要素，那么这个目标就不能称为体育教学目标。一个不完整的体育教学目标，是无法指导体育教学实践的。体育教学目标的内部要素包括有三点，即条件、标准和课题。只有满足这三个内部要素的目标，才是一个完整的体育教学目标。

1. 条件

在体育教学目标的三要素中，条件要素是决定目标难度的要素。在体育教学目标中，在保持其他要素不变的情况下，我们可以通过改变条件要素来改变体育教学目标的难度。随着条件要素的增多，体育教学目标的难度也会逐渐增大。

2．标准

在体育教学目标中，第二个要素就是标准。标准要素与条件要素比较相似，也可以用来改变目标的难度。当严格标准时，体育教学目标的难度也在逐渐地增大；当放宽标准时，体育教学目标的难度也在逐渐减小。

3．课题

在体育教学目标中，第三个要素就是课题。课题要素也能够改变体育教学目标的难度，不过它是采取间接的方式，通过改变课题来改变体育教学的动作形式，从而改变体育教学目标的难度。

二、体育教学的特点

（一）身心合一的健身统一性

一般情况下，在体育教学过程中，教师向学生讲解理论知识，然后向学生进行动作示范，辅导学生进行动作练习。不过，体育教学不仅仅是对学生进行知识的讲解与身体的锻炼改造，更重要的是还要注重学生的心理发展。因此，在对学生进行体育教学时，要为学生提供一个良好的环境，通过体育课程的特殊性，吸引学生的注意力、活跃学习氛围、增强学生的兴趣，使学生在一个快乐、生动的氛围下学习，促进学生的心理健康发展。可见，体育教学具有身心合一的健身统一性。其主要体现在以下三个方面。

第一，在选择体育教材时，教师要注意这些体育教材可能对学生的身体及心理产生的影响，选择能够给学生带来良好体验的体育教材，使学生在练习、锻炼过程中感受到动作的协调与流畅，从而产生一种愉悦的心情。

第二，在体育教学方面，教师要选择合适的教学方法，要克服那种传统的、老旧的、固化的模式，选择一种生动活泼的教学形式，活跃教学气氛，使学生能够从心理上产生兴趣，主动地进行学习，培养自主学习的习惯，促进学生的身心和谐。

第三，学习要注重劳逸结合，在完成适量的学习任务之后，学生要注意休息，以免过于劳累，反而不利于之后的学习。因此，当教师对学生进行运动训练时，不仅要注重学生生理负荷的变化，还要注重心理变化。与普通的教学不同，体育教学往往是身心同时参与活动，当在动作练习与休息过程中，学生的生理机能往往会发生一些变化，这种生理机能的变化具有一定的规律性。例如，当在进行动作练习时，学生的生理机能水平会上升；当这种生理机能达到一定的水平之后，它首先会保持一段时间，然后会慢慢下降，回落到正常的水平。在这个过程中，学生的心理也会发生一些变化，这种生理与心理上的曲线变化规律，就展现出了身心的和谐统一。

（二）体育教学过程的教育性

体育教学，是体育教师教、学生学的过程。这种教学过程体现的特点就是教育性。这种教育性主要体现在以下两个方面。

第一，体育教师在组织体育教学的过程中受到教学目标、教学计划、教学规则、组织原则等方面的影响，它们指引着体育教师教学过程的发展，与教师、学生、课堂等共同构成了我们所熟悉的体育教学环境。一般情况下，学生在学校里的学习进度与学习效率是最高的，这与学校的教学环境是分不开的。这种体育环境能够潜移默化地影响学生，使学生能够更加心无旁骛地去学习。另外，在学校体育教学环境中，教师使用的是符合学生生理和心理特点的教材，采用的是适宜的学习方式，这也提高了学生的学习效率，提升了学生的学习效果。在这种良好的体育环境中学习，学生不仅能够获得更好的体育教育，还在不知不觉中提升了个人的思想品德与素质修养，从而展现出体育教学的教育性。

第二，相比起普通教学，在体育教学中，学生与教师的接触范围更广，接触层次也更深，教师能够更加清楚地了解学生。在这种情况下，教师就能够对学生进行有针对性的教育，对症下药。在体育教学中对学生进行思想品德教育，可以培养学生的竞争意识，培养学生的团队精神与集体精神，培养学生坚韧不拔的精神，促使学生提高心理素质，等等。

（三）教学目标的多元性

一般情况下，在教学过程中，教学目标往往是多元化的。相比其他学科，体育学科的教学目标更加多元化。例如，要增强学生的体育理论知识，形成一个强健的体魄，规范学生的运动行为，提高学生的心理素质，等等。

（四）授课活动的复杂性

与其他理论学科相比，体育学科的授课活动更加复杂。在体育教学中，教师要向学生传授理论知识，还要向学生进行动作示范，组织学生的运动动作练习，调控学生的运动负荷。因此，体育教师不仅要具备扎实的理论知识基础，还要具备运动技能与组织能力。

（五）内容编制的制约性

体育教学内容不能被随意编写，要受体育教学目标与教学时间的制约，其编写工作要在一定的约束下进行。在体育教学内容编制中，要考虑学生的身心发展状况，选择适合学生成长阶段的内容；要考虑内容的功能与价值，选择对学生的身心发展有益的内容；要考虑当地和本校的实际情况，因地制宜，协调发展。

（六）环境管理的重要性

与其他理论学科相比，体育教学的环境管理十分重要。这是因为普通理论学科往往在教室中进行教学，而体育教学常常需要在户外或者体育场馆内进行。当在户外进行体育教学时，教学会受到周围环境的影响，如周围环境比较嘈杂、天气气候变化等。另外，在体育教学中，学生的位置也不是一成不变的，而是处在流动之中，这使得体育教学环境的管理更加复杂。在这种开放性的教学环境中，为了学生能够安全、有效地学习，就必须重视体育教学环境的管理。

第三节　体育教学的任务与原则

一、体育教学的任务

（一）学习掌握体育的基础知识

知识是学生掌握其他技能与方法的前提，是对于新内容的最初的认知。在体育教学中，学生要学习掌握体育的基础知识，深入了解其原理，掌握各种技能，不断地反复练习，最终完成体育教学的任务。

（二）发展学生良好的思想品德

培养学生勇敢顽强和富于创造的精神，以及遵守纪律、团结协作和朝气蓬勃的体育道德作风。因势利导，全面地发展学生适应社会和生活所需要的个性，提高其对体育的认识；培养学生经常参加身体锻炼的兴趣和习惯，陶冶其美好的情操。

（三）全面发展学生的身体

根据学生的年龄特点，有计划地进行各项内容的体育教学，以促进学生身体的正常生长发育和生理功能的发展。

上述三项体育教学任务是互相联系的统一整体，它是通过体育的实践活动和理论讲授完成的。这三项体育教学任务，必须协调一致，全面贯彻，不可偏废。但在具体教学中，根据课程的具体任务、教学要求和教材特点而有所侧重，也是理所应当的。

二、体育教学任务的完成

要想在课堂上圆满地完成体育课的任务目的，用传统的教学方式很难达到教学大纲和教材中对学生的要求。上完一堂课后，学生锻炼和掌握动作质量的好坏取决于课堂教学任务安排的密度。如果教师将大量的知识技术传授给学生，而学生没有足够的时间消化并掌握，那就很难使传授的知识和技术转换成有效的课堂输出。由于动作的难度与动作的特殊，以及教师在动作、体态、语言表达上的差异，因而教师在教某些动作时，很难使学生通过视觉、听觉准确且完整地了解动作的全过程，给课堂教学带来了一定的困难。

在语言与动作的结合方面，体育课上有很多动作往往是教师一边做一边进行解说。这对于慢动作和那些可以分解的动作来说，还是能够办到的。但对那些只能在快速而连贯的情况下才能完成的动作，就很难做到了。因为场地、队形、视角、环境等问题，教师在讲解某一动作时，就要在不同的地点、方向上反复地进行示范讲解，才能使所有学生都能看清和听清动作的做法和要领。这就在无形中浪费了时间，加大了教师的工作量，减少了学生练习的时间。

为了解决体育课中存在的上述问题，很多体育教师总结出了许多有效的方法。

近年来，电化教学在各学科中得到了运用与推广，它以快速省时、生动直观、图文并茂、信息量大、容易接受的特点为体育教师所认可。在室内理论课中，电化教学一改过去那种教师在上边讲，学生在下边听的常规惯例，利用幻灯、投影、录像等电教手段将学生深深地吸引到了课程之中。在课堂上，教师在连贯动作示范中无法做出停顿的一些动作，通过画面的定格处理，就可以很自然地加以解说。利用字幕和解说也可节省大量的板书和阅读时间，提高授课质量。在新授课上采用电化教学，可以提高学生的学习积极性，集中学生的注意力，便于教师对学生的组织与管理。由于电化教学内容是事先制作好的，也就不会再出现教师在做示范动作时的失败和重复讲述要领的现象。学生可以在最短的时间里就看到最标准、最完整的技术动作，听到最简练的技术要领，建立起真实、完整、逼真、系统的表象认识过程，使学生减少或避免错误的动作定型。

复习课是学生对已学过的动作进行练习改进和巩固掌握的课程。在复习课上使用电教手段可以加深学生对技术动作的认识理解，将感性认识上升到理性认识的高度。其既可以将所学过的动作逐一定格，让学生对照动作进行有针对性的练习，也可以放录音或录像，让学生集体进行复习练习。这样不但巩固了所学的知识，而且培养了学生协同一致的良好习惯，对发扬集体主义精神也能起到积极的作用。

如果在上综合课时教师用分组轮换的形式进行组织教学，就可以集中精力辅导学习新知识的一组学生，而进行复习的一组可以在电化教学的情境中进行自主学习。当教学中因动作本身的难度，教师无法亲自去做示范，学生对动作的方位距离、运动轨迹等空间概念产生疑问时，便可以使用电教手段轻松地解答。比如在跳跃练习中起跳后的腾空动作，电影、录像、幻灯都可以在不改变动作技术的情况下，运用慢放或定格的手法，将动作清晰地展现在学生面前，为教师在课堂中讲解动作重点、难点，提供了行之有效的手段。运用电化教学可以帮助教师整理数据资料。总之，要想使电化教学在体育课上运用得好、收效大，教师就需要做好以下几点。

第一，要根据教学内容、学生情况、课程类型、授课环境、场地器材、组织形式、教学程序、时间分配等条件，来选择电教设备、教学手段等。

第二，必须熟悉电教设备的性能、使用方法及实际操作，以确定选择内容和使用的具体时间。

第三，在备课时要将传统教法与电教手段一同写入教案。同时，要培养几名能够操作电教设备的学生做助手，以便在课堂上进行分组轮换时，学生能自己组织练习。

第四，课前要教育学生爱护公共财物、爱护电教设备，遵守纪律，保证课堂秩序。

第五，要充分利用电化教学的声响、画面、解说等手段对学生进行思想品德方面的教育，提高学生积极性，培养其良好的自我锻炼习惯，使学生得到全面发展。

三、体育教学的原则

（一）体育教学原则的概念

原则一词，在汉语中通常指观察问题、处理问题的准则。在教学中，教学原则就是指导教师教学的准绳。首先，教师以教学原则为基准，设计教学过程。其次，在整个教学中，教学过程的控制、教学活动的调节都要受到教学原则的影响，它是整个教学过程的总调节器。最后，教学原则还是教学质量的基本标准。要判定教学质量的高低，就是要看它是否符合教学原则的基本要求。在整个教学过程中，教学原则都在默默地发挥着作用。因此，教师一定要掌握教学原则。

同理，在体育教学中也是如此。体育教学原则是教师设计体育教学过程的基本要求，是控制整个体育教学过程的调节器，是判定体育教学质量的基本标准。体育教师一定要准确把握体育教学的原则，只有这样，才能够保证体育教学过程的顺利进行。

（二）体育教学原则提出的依据

1. 哲学依据

哲学本质上是人理解人、人认识人的理性活动。在哲学思想中，最基本的两条思想就是唯物论与辩证法。

在唯物论中，物质决定意识，人的认识是对客观存在的反映。在体育教学中，不能主观地杜撰出一些原则，也不能过分夸大，要从实际出发，实事求是。

辩证法是普遍联系和变化发展的哲学学说，能展示出事物之间的基本关系。对于事物，要辩证地看待，不要过于片面。辩证法，是避免片面性的一个重要方法。不过，片面却十分常见。在体育教学中，直观性原则就是一条有片面性的原则，它是指教师要尽可能直观地向学生展示某些知识与动作示范，便于学生理解。不过，不能为了直观而直观，直观的使用方法有一定的范围，有一些原理和概念就不能使用直观的手段来解释。因此，我们要搞清楚直观与认识的关系、直观与抽象的关系，从而更加辩证地去看待它。

2. 教育理论依据

体育教学原则是建立在教学之上的原则。因此，体育教学原则的提出，一定与教育理论有着很大的关联。教育理论是指教育领域的相关理论，它包含很多内容，有教育价值论、教育目的论、德育论、智育论、学生论、教师论、教学论等。

教学原则是教学的基本要求与指南，它与教师、学生都有着相关联系，展现对学生的发展要求。在教育目的论、教育价值论中都涉及人的发展理论，这对于教学原则有着十分重大的影响。在教学原则制定过程中，教师论、学习论、课程论等也都对其有着重要影响。教师以教学原则为依据来对学生展开教学，在教学原则中回答了学生、教师、教材等的相互关系。

（三）体育教学原则的作用

在体育教学过程中，体育教学原则具有指导与调节作用，能够在一定程度上影响课堂教学内容、教学方法与教学组织形式。体育教学原则，是体育教学工作的指导原理和基本要求。在体育教学中，教师要遵守体育教学的原则，按照体育教学的客观规律组织教学活动，提高体育教学的质量。

体育教学原则作用的发挥，不是某个原则能单独完成的任务，需要一个完整的体育教学原则体系来发挥其整体功能。一个科学完整的体育教学原则体系才能够发挥体育教学原则的作用。在这个体育教学原则体系内，各个原则并不是分散、孤立的，而是相互联系、有机组合的。在构建体育教学原则体系的过程中，由于人们对于体育教学规律认识的角度不同，就如何建立一个完整的体育教学原则体系，目前的体育教育理论界的认识尚不一致。

（四）体育教学原则的内容

1. 自觉积极性原则

在体育教学中，教师要想使学生能够积极主动地去学习，就需要确定其自觉积极性原则。学生只有从心底里不抵触学习，自觉地、主动地去学习，才能够获得更好的教学效果。

要想使学生能够积极主动地、自觉地去参与学习，这就需要教师采取一定的措施。一般情况下，体育教学过程中有一对基本矛盾，就是教师与学生的矛盾。教师是教育者，他们将自身掌握的教育知识与技能传授给学生，制订并执行教学计划，主导学生的学习内容，调控学生的学习过程。在教师的“教”与学生的“学”双边活动过程中，教师往往占据主导地位，而学生只是知识与技能的接受者，学生学习的自觉积极性并不完全是自发的，而是依赖于教师的指导与控制。这在一定程度上限制了学生自觉积极性的生成，不利于学生的主动学习。因此，教师要确认学生的主体地位，增加与学生的互动，调动学生的自觉积极性，让学生更加自由地参与到学习中去，提高教学效率与教学质量。贯彻运用自觉积极性原则，就要求教师要做到以下几个方面。

（1）了解和熟悉学生

教师要想提高学生的学习积极性，就必须充分了解学生，有针对性地提出具体措施，对症下药。教师要了解和熟悉学生，如学生的学习状况、是否遇到了困难、兴趣爱好是什么等，这也是教师搞好教学工作的前提。在一段师生关系中，教师是主导者，因此，教师要主动地去尊重学生、关心学生、爱护学生，与学生交心，让学生从心底里对教师产生由衷的信赖。只有双方的关系足够友好，教师才能够更好地调动学生的学习积极性，促使学生更加自觉主动地进行学习。

（2）发挥教师的主导作用

要调动学生的积极性，还需要发挥教师的主导作用。教师在课堂上通过讲解知识、示范教学、组织活动等方式引导学生学习，使学生集中注意力，为学生提供一个良好的学习环境，创造一个积极主动的学习氛围，促进学生的主动学习。

（3）建立民主平等、情感融洽的师生关系

在教学过程中，教师要尊重学生、关心学生，既不能过分严厉，也不能过分宽松，要与学生建立起一种平等、融洽的师生关系，与学生做知心朋友，这也能够提高学生的自觉积极性。

（4）注意培养学生学习的内在动力

要增强学生的自觉积极性，还要注意培养学生学习的内在动力。常言道，兴趣是最好的老师。学生如果有学习的兴趣，那么这种兴趣就会化为动力，激励学生自觉去学习。因此，在体育教学过程中，教师要不断提高教学的艺术性和启发性，培养学生正确的学习动机和兴趣。这样，学生才能形成一种内在的驱动力，从而推动着学生进行学习和锻炼。

（5）培养学生自学、自练和自评的能力

在体育教学中，教师要发挥主导作用，为学生创设一个良好的外部环境，培养和发展学生自学、自练和自评的能力，培养学生的终身体育锻炼意识。这样，即使是在学校外，学生也可以自己搜寻资料进行学习与训练，评判自己的正误，更好地进行体育训练。

2. 直观性原则

在体育教学中，要遵循直观性原则。教师要采用各种直观方式，让学生能够直观地感知事物，更加清晰地了解事物的特点与运行规律，培养学生的观察能力，为学生深入了解与掌握体育知识与体育技能打下基础。

在辩证唯物主义中，事物的认知规律就是从现象到本质，从思维到实践的过程。人们最开始认识事物，就是通过外在感觉器官的感觉来实现的。在体育教学中，教师也要遵循辩证唯物主义的认知规律，先让学生建立感知，了解体育的相关动作与形象，使其在感知的基础上深入了解体育的相关知识与技能，通过不断地训练，最终达到体育教学的目标要求。要贯彻和运用直观性的原则，就需要教师做到以下几点。

（1）综合运用身体的各种感觉器官，感知体育教材，扩大直观效果

在教学过程中，首先，教师要让学生感知体育教材，了解单元目标与课时目标，充分地熟悉教学内容，让学生做到心中有数。其次，教师还要向学生展示规范动作，通过视觉、听觉、触觉等让学生能够充分感知到动作的形象与要领，在训练时能够更加直观地感知自己肌肉本体的运动情况，从而适当地调整动作，提高学习效率。

（2）充分发挥教师本身对学生的直观作用

在教学过程中，教师一直是学生的观察对象，学生通过观察教师的动作、倾听教师的言语等获得动作的相关知识及注意要领，然后进行动作模仿，并不断进行动作调整。这就要求教师必须加强自身的修养，重视动作技术示范的规范性，不断发挥教师本身对学生的直观作用。

（3）充分运用多种直观教具和手段

在体育教学过程中，教师可以充分运用多种直观教具及各种现代化教学手段来进行直观教学，如模型、幻灯片、录像、电影等。

（4）善于引导学生观察和激发学生积极思维的能力

要贯彻和运用直观性的原则，就要培养学生的观察能力。教师指导学生如何分析各种动作形式，并将这些动作形式与之前学过的一些动作进行类比分析，辨别它们的异同点，从中找出动作技术的关键。教师要帮助学生辨别正确动作与错误动作，明确二者之间的界限，从而在学生脑海中形成运动动作的正确表象。教师还要有善于激发学生积极思维的能力，通过仔细观察，在脑海中进行分析与研究，辨别运动动作的技术结构，避免单纯的形式化模仿。

3. 因材施教原则

不同的学生有身体形态、个人性格、兴趣爱好、运动能力等方面的差别，所以教师在进行教学时，要遵循因材施教的原则，针对不同的学生采取不同的措施，将集体教学与个别指导结合起来，争取不落下一个学生，充分发挥每个学生的才能和特长。

目前，在体育教学中，同一年级的学生有着身心发展规律上的共同点，这样有利于学生的整体教学，可以对他们提出一些统一的规格和要求。但是，即便是同一个年级的学生，每个人仍然有着很大的不同，他们的身心发展存在一定的差异性，这就要求教师必须在统一的基础上进行区别对待，因材施教。要贯彻和运用因材施教的原则，需要教师做到以下几个方面。

（1）深入了解学生的一般情况和个体特点

在教学过程中，教师既要了解学生的共性，还要了解学生的个性。通过了解学生的共性，教师可以提出一些统一的规格与要求；通过了解学生的个性，教师可以因材施教，针对学生的差异性进行个别指导。教师要深入调查学生，了解学生的一般情况与个体特点，找出他们的共同点与差异，因材施教。

（2）面向全体，兼顾两头

在教学过程中，根据学生的学习情况，教师可以将其分为三类，分别是学习比较优良的学生、学习一般的学生及学习较差的学生。教师确定的教学目标与要求应该是大多数学生经过认真学习都能够达到的。另外，教师还要关注那些学习比较优良和学习比较差的学生。在体育教学中，针对那些身体素质比较差的学生，教师要耐心讲解、制定符合他们的学习任务，循序渐进地帮助他们解决遇到的问题，使他们能够最终达到教学目标的要求；针对那些身体素质比较好的学生，教师要为他们创造条件，为他们设置一些额外的强化任务，不断提高他们的专项成绩。

（3）从客观条件的实际出发

在体育教学中，教师还要考虑到学校的客观条件。有的学校的体育设施可能比较陈旧、老化，体育场所也比较简陋，不适合进行某些体育活动的训练，这时候，就会影响体育教学质量。因此，教师在贯彻因材施教原则时，不仅要考虑到不同学生的情况，还要考虑学校的客观条件，从多个方面考虑，这样才能更好地因材施教。

4. 身体全面发展原则

在体育教学过程中，教师还要遵循身体全面发展的原则，选择多样的教材内容，采用多样的活动形式，全面发展学生身体各个部位、器官、系统的机能。

人是一个统一的整体。人体内的各种器官、系统与组织之间是互相联系、互相制约的，如果某一方面受到了威胁，那么身体的其他方面也会受到影响。因此，在体育教学中，要选择多样的教材、采用多种教学手段，来对学生进行全面的身体锻炼，促进学生各方面的协调发展。如果仅仅只针对某一处进行单一的训练，那么这不仅不利于身体的美观与协调，也不利于学生的健康成长。要贯彻落实身体的全面发展原则，教师需要做到以下几个方面。

（1）全面贯彻教学大纲（或课程标准）提出的目标和要求

在体育教学过程中，要认真贯彻落实教学大纲的目标与要求，将各个种类教材搭配起来，丰富教学的相关内容。另外，对于教学工作中的考核项目，也要进行合理搭配，从多个角度展开考核，提高考核的质量，促进学生身体的全面发展。

（2）身体全面发展的原则落实到课堂教学的全过程

在课堂教学的全过程中，要遵循身体全面发展的原则。在体育教学的准备阶段，要进行准备工作，活动身体各个部位的肌肉和关节，为之后的强化练习打下基础；在课堂的教学基本部分，身体的练习既要包含上肢部位的练习，又要包含下肢部位的练习，全面锻炼身体的各个部位，协调发展；在课堂的结束部分，还要做好放松活动，放松肌肉，缓解肌肉酸痛。

（3）不断克服单纯从兴趣出发的倾向

在体育教学中，调动学生的兴趣是十分必要的，这样能够吸引学生的注意力，调动学生的积极性，有利于学生积极自主地参与学习活动。但是，体育课程不能单纯地从学生兴趣出发，片面地迁就学生，背离体育教学大纲及教学的原则，这是十分危险的。教师要能够正确地调整教学内容与学生兴趣之间的关系，从中取得适当的平衡，贯彻落实学生的全面发展原则。

5.合理安排生理负荷和心理负荷原则

在体育教学中，教师对学生进行身体训练，在训练一段时间后，学生就会产生生理负荷。随着生理负荷的产生，心理负荷也随之而来。对于学生来说，一定标准范围内的生理负荷和心理负荷会产生一些积极作用，促进身心的发展，提高身体与心理的素质；而如果生理负荷与心理负荷都超出了某个标准范围，那么这时候学生就会不堪重负，生理与心理都会受到损害。这说明，学生的生理负荷和心理负荷是符合一定的变化规律的。生理负荷的刺激强度过大或者过小，都不利于生理技能的发展。因此，在体育教学中，要合理安排生理负荷和心理负荷原则，促进学生身心全面协调地发展。要贯彻和运用合理安排生理负荷和心理原则，教师需要满足以下几个基本要求。

（1）合理安排授课和复习课

在安排学生的授课与复习课时，要全面考虑各种情况，合理安排，具体对待。对于不同年龄、性别、体质等有明显区别的学生，教师要根据他们各自的特点，区别对待，安排适合他们的课程与训练。另外，教师还要考虑到学校当地的气候、环境、并给学生提供的营养条件等，合理安排生理负荷。

（2）正确处理生理负荷的量和强度的关系

在体育教学中，教师应该循序渐进，先让学生训练较小的负荷量与负荷强度，当学生适应一段时间之后，逐步地增加负荷量与负荷强度，以增强学生的体质，提高学生的承受能力。要注意，在负荷量与负荷强度增加时，一般情况下是先增加负荷量，等一段时间学生适应以后，再增加负荷强度。而且，当增加负荷量时，负荷的强度应该适当地下降一些；当负荷强度增加时，负荷量也应该适当地减少。因此，教师要正确处理生理负荷的量和强度的关系，将负荷量与负荷强度互相配合，交替着增加与减少，才能使学生的体质逐步得到提高。

（3）正确处理生理负荷的表面数据和内部数据的关系

在生理负荷训练中，往往存在着表面数据与内部数据。所谓表面数据，顾名思义，就是指可以比较直观地观察到的数据，如运动动作练习的量与强度等；内部数据是指在负荷量与负荷强度影响下所引起的一系列变化。一般情况下，二者是一致的，但是也有特殊情况。当学生的体质强弱与身体训练水平不同时，这时候表面数据与内部数据都是不同的。当对生理负荷进行分析时，教师需要将内部数据与表面数据结合起来共同进行判断。

（4）安排好心理负荷

安排心理负荷时，需要考虑到生理负荷的情况，心理负荷与生理负荷一定要相互配合着进行，相互补充。另外，还需要考虑到教学的进程，心理负荷一定要与教学的进程相互匹配。

（5）科学地安排休息的方式和时间

在体育教学中，要科学地安排休息的方式与时间，按照生理负荷与心理负荷的特点合理规划，劳逸结合。

（6）做好生理负荷和心理负荷的测量、统计和分析工作

在对体育课的质量进行评价时，要做好学生生理负荷和心理负荷的测量、统计和分析工作，进行一个全面的、客观的评价。

6. 循序渐进原则

在体育教学过程中遵循循序渐进原则指要按照学生的生理与心理的当前特点与发展规律，一步步地进行体育教学，遵循系统性与连贯性的要求，循序渐进。

在体育教学中，教师一定要遵循由易到难、由简单到复杂的逐步深化过程，首先让学生对教育相关内容有一个基础的认知，然后再一步步地对学生进行教育，

根据人们认识事物的规律对学生进行教学。要贯彻和运用循序渐进原则，其基本要求如下。

（1）提高教师素养

教师要提高自身文化素养，增强知识文化水平，了解学生身心发展的一般规律，根据学生身心发展的规律特点循序渐进地开展教学。

（2）制定好教学文件

教师在制定教学文件时要保证其前后连贯、难易衔接，要确保教学工作系统连贯地进行，逐步提高学生的身体素质。

（3）安排好教学内容

在安排教学内容时，要考虑到循序渐进的原则，运动项目之间一定要符合由易到难、由简到繁的顺序，而且前一个教学项目完成后，学生所学到的知识与经验，也有利于后一个教学项目的开展。

（4）有节奏地逐步提高生理负荷

在体育教学中，必须有节奏地一步步提高学生的生理负荷，不可直接增加过多负荷量。因为，学生的身体要适应某种身体负荷，必须经历一段时间才可以。教师可以有节奏地交替进行不同负荷的体育课，逐步提高生理负荷总的趋势。

7. 巩固提高原则

在体育教学中，要遵循巩固提高的教学原则，当学生了解了某种体育基础知识与技能之后，还要经过一段时间的巩固与训练，才能够牢固地掌握这些知识与技能，从而得到提高。

在体育教学中，知识技能的掌握与运动条件反射建立有关，与消退的生理规律有关。在体育动作的反复练习中，运动条件不断地被建立、巩固，并在大脑皮质建立动力定型。这个动力定型建立完成后，并不是说明学生就可以完全地掌握所学到的知识与技能了，而是需要巩固练习，不断地强化，才能够使它更加完善，否则，这个动力定型还会消退，从而影响学习的效果。要贯彻与运用巩固提高原则，教师要做到以下几点。

（1）反复练习

学生要想巩固学校的知识与技能，就必须经过反复的练习，反复的强化。当然，这种反复的练习并不仅仅是机械性的重复，而是要在原本的基础上不断地改进不足，减少缺点，强化优点，在一次次的改进中获得进步与提高。在反复强化之下，学生能看到自身的进步，也能够获得一种成就感，从而促使自己更加积极主动地去学习，不断巩固所学到的知识与技能。

（2）采用提问、测验、竞赛等多种方式

教师还可以采用提问、测验、竞赛等方式来巩固学生所学到的知识。教师对学生进行提问，学生在思考问题的过程中，也在脑海中不断地对所学的知识进行整合分析并总结，最后说出自己的答案。教师采用测验或者竞赛的方式来巩固学生所学到的知识，能够观察到学生的知识是否扎实，技能是否熟练。

（3）改变练习条件

教师还可以通过改变练习条件来巩固提高学生所学到的知识与技能，如改变练习的场地、器材、动作组合等，以观察学生在不同条件下动作的熟练程度。

（4）课内外结合

要想巩固与提高知识和技能，学生就不仅仅需要在课堂上进行学习，还需要在课下进行练习。教师可以布置一定的练习作业，将课内与课外紧密结合起来，这也是贯彻巩固与提高原则的一个手段。

（5）培养进取动力

教师还可以通过不断培养学生的进取动力，不断使他们形成新的目标与兴趣，从而不断巩固提高知识与技能。

在体育教学中，体育教学原则是一个完整的体系，它们之间的关系是互相联系、互相补充的。随着时间的推移，体育教学实践在不断地发展。在这个发展过程中，人们对于体育教育学规律也在不断地认识与深化，体育教学的原则也在充实和发展。

8. 活动安全原则

（1）体育教学活动安全原则的基本依据

体育教学不同于其他学科教学，在体育教学过程中，教学场所的变化和所需体育器材的参与都给教学安全提出了较高的要求。体育教学既是安全教育的难点，又是安全教育的重点。在体育教学中，要保证学生的基本安全。体育运动的美，或多或少都建立在一些风险中，这也是体育的本质属性和魅力之一。在体育教学中，尽管这种安全隐患不能完全避免，但仍应尽量减少并避免意外伤害事故的发生。

（2）体育教学活动安全原则的基本要求

第一，严密考虑各种隐患并做相应预案。体育教师在长期的教学过程中积攒了足够多的经验和惨痛的教训，可以对这些内容加以汇总和归纳，并对可能发生的危险做出相应的预案，一旦发生意外，教师可以根据预案冷静处理。

第二，要加强对学生进行安全意识教育。无论什么时候，安全都是第一位的。体育教师要在日常训练中反复强调安全的重要性，对学生进行安全意识教育，使学生能够建立起安全运动的意识。在体育课堂中，学生要严格按照教师的要求去做，注意课堂纪律，参与体育活动，量力而行。

第三，建立运动安全的有关安全制度，设置安全设备。

第四节　体育教学的发展趋势

随着时代的变迁，学校体育教育改革不断深化，在这个过程中，体育教学方法也在不断发展。在体育教学过程中，体育教学方法是教师传授学生体育知识与技能的桥梁。一个好的体育教学方法，能够有效地提高教学效率与教学质量。随着体育教学研究的不断深入，体育教学方法逐渐地发展，其发展趋势具有以下几个特点。

一、朝着实用化、系统化、科学化方向发展

在体育教育改革过程中，体育教学方法也在不断地发展进步。之前，在体育教学过程中，教师采用的教学方法比较单一化、教条化，教授的知识也比较流于表面，对于体育教学的内容并没有进行深入的分析探究。这种教学方法所教授的知识比较零散，不成体系，而且实操性的技能性知识也并不充分。随着体育教育改革的不断深化，广大体育教师也改善了旧的、不合时宜的体育教学方法，在深入研究体育理论与实践相关知识的基础上，不断创新各种体育教学方法，使体育教学不断向着实用化、系统化、科学化的方向发展。而且，在体育教学过程中，教师也更加注重体育教学方法的实效性，针对不同的教学内容采用不同的教学方法，不断促进体育教学方法的系统化，选用一整套组合成系统的体育教学方法去完成体育教学任务。因此，仅靠单一的体育教学方法是无法完成体育教学任务的，

必须将体育教学方法组合成系统方法，才能在更好地完成体育教学任务。随着体育教学方法不断向着实用化、系统化、科学化发展，其对体育教师也提出了更高的要求。体育教师需要不断更新自己的知识体系，不断提高自己的理论水平与实践技能，认清现代体育教育的发展趋势，顺应现代体育教学改革，不断提高自己的体育教学质量。因此，体育教师要全面系统地掌握各种新兴的体育教学方法，不断提高自己的创新能力，发展创新思维，创新体育教学的方法，推动体育教学不断向前发展。

二、朝着深层次的哲学深度方向发展

随着学校体育教育改革的不断深化，体育教学方法也在不断发展。在学校体育教育改革过程中，体育教师对体育理论知识的研究更加深入，自身理论知识体系也更加完善，对于体育教学方法逐渐不满足于浅层次的研究，而是向着深层次的研究不断发展。随着对体育教学方法研究的不断深入，体育教师对于体育教学方法的认识层次也在逐步提升，开始从体育教学方法的本质层次去深入把握，从而发现各种体育教学方法的内在联系与规律，掌握各种体育教学方法的内涵，并不断向着更深层次的哲学深度方向发展。从哲学角度上把握体育教学方法，体育教师更容易抓住其中本质，能够更容易地厘清体育教学方法的脉络与实践操作，从而在教学应用过程中更加得心应手。通过对其本质深入地理解，教师也更容易实现创新体育教学方法的目的，获得创新成果，从而不断推进体育教学方法的向前发展。哲学方法是认识问题本质的最重要的办法，也是最高层次的方法。从哲学层面上去认识和研究体育教学方法，能够更好地把握体育教学方法的本质。透过现象看本质，能够更加清晰地了解体育教学方法的特征、功能等，能够更好地研究体育教学方法的内核。而且，从哲学深度上去看待体育教学方法，将辩证方法渗透至体育领域，以一种不同于体育学科的视角去看待体育教学方法，能够增强教师对体育教学方法的辩证科学的认识，加强对体育教学方法的多维度认识与研究，从而能够更加深入地促进体育教学方法的变革。

三、朝着最优化教学方法方向发展

苏联教育家尤里·康斯坦丁夫·巴班斯基曾经提出教学最优化理论，也就是在教学过程中要利用最少的费用，获得最大的利益。在体育教学领域，各种新的体育教学方法层出不穷，数不胜数；在体育教学过程中，不同的体育教学方法有着不同的体育技术动作，这容易导致体育教学方法出现“多、杂、乱”现象；由于体育教学方法有很多，体育技术动作也十分多，这就不利于学生的学习。但是，只要我们坚持教学最优化的理论原则，那么就不容易出现类似现象。这种最优化的教学原则主要包含两个方面：第一，要从多种教学方法中选出最优的教学方法，这样既避免了“多、杂、乱”现象，又花费了比较少的时间，学生也容易理解，易于掌握；第二，要对多种教学方法进行最优化组合，针对不同的教学内容精选多种体育教学方法进行组合，充分发挥这些教学方法的长处，规避其短处，从而更好地发挥整体教学方法的力量，获得最佳的教学效果。因此，要推动体育教学方法的实施，提高其教学效率与教学质量，就需要促进体育教学方法向着最优化教学方法方向发展。

第二章　体育教学的教学方法

本章主要介绍体育教学的教学方法，主要从三个方面对体育教学的教学方法进行阐述，分别是传统体育教学方法概述、传统体育教学的弊病、现代体育教学方法。

第一节　传统体育教学方法概述

传统的体育教学方法，也被称旧体育教学方法，是最基本的体育教学方法。它主要以“学会”和“锻炼”为中心目标，是一种有助于学生有效掌握运动技能，目标是科学锻炼身体的教学方法。现代体育教学法是在我国教育改革中出现并迅速发展起来的一种新型教学模式。其主要作用如下：首先，加强动作记忆，提高运动负荷；其次，确保运动安全，避免不必要的影响；最后，与班级的教学条件相适应。因此，在高校体育教学改革中，运用现代教育技术进行辅助教学成为一种重要手段。常见的传统体育教学方法主要有三种，分别是以语言传递信息为主、以注重直观感知信息为主、以注重身体练习为主。

一、以语言传递信息为主的体育教学方法

在人类交际中，语言是最常见的工具，更是一种最为普遍的教育行为活动的载体，是师生间传递信息的主要媒介。以语言传递信息为主要手段的教学方法，可以用来讲授新知识，还可以用来巩固旧知识。所以，最根本、适用范围最广的体育教学方法就是以语言传递信息为主。简单来说，以语言传递信息为主要手段的教学方式，是指以口头语言的形式，由教师对学生进行系统的、连贯的体育方面的教学。教学内容主要分为两个部分：理论知识和运动实践技能。这种教学方

法既适用于课堂教学，又适用于课外训练。在进行体育教学时，讲解法、问答法、讨论法、读书指导法都是经常采用的教学方法，这些方法都是通过语言来传递信息的。

（一）讲解法

1．讲解法的内涵及特点

首先，体育教师用陈述知识，逻辑分析论证来刻画体育知识形象；其次，体育教师运用语句来启发诱导性设疑，化解疑点，运用简明扼要、生动形象的口头语言，把体育知识有计划、有步骤地教给学生。总之，体育教师会利用此方法对学生进行运动技能的教学，让学生在短期内对体育知识有一个全面的了解。由于语言的无处不在，讲解法自然是一种主要的体育教学方法。其他的教学方法也都依托于讲解法。①

另外，需要注意的是，不是体育教师使用语言就是讲解了。教师的语言和讲解是不同的，区别在于学生是否能理解体育教师的语言描述。另外，讲解的目的是使学生对内容有所了解。需要注意的是，讲解和讲解法也是不同的，讲解法是教师通过讲授而使学生获得知识的一种方法，它不同于单纯依靠教师传授知识，而是以师生共同学习为主，并把所学到的新知识用于解决实际问题。因此，讲解并不等同于讲解法。有些讲解仅仅是说明而已，无任何技术成分，作用平平，不必特意去研习。讲解法除了使用语言来向学生讲解他们不明白的道理及语言具有逻辑性和完整性外，还运用了许多讲解方法和讲解技巧，具有一定的技艺性。

讲解法的特征有很多，我们在此简要总结，即教师运用口头语言为媒介传达知识，对学生进行单向的信息传递，学生通过思考和记忆，将知识存入脑海。讲解法的好处有很多：第一，能发挥教师主导作用，利于教师掌控教学的节奏、进度与难度；第二，教学节奏较快，能够在较短时间内使学生获得较多的间接知识；第三，通过语言的接收，有利于教师给学生传授新的、难的知识，使教师能将科学知识系统连贯地传授给学生，有利于培养学生的逻辑思维能力；第四，有利于融入思想教育，能使教师在传授科学知识的同时，有目的、有计划地向学生进行思想政治教育，提升学生的思想道德水平等。但是，讲解法同样存在不足：第一，

① 毛振明，陈海波．体育教学方法理论与研究案例[M]．北京：北京师范大学出版社，2009．

讲解法主要是教师的活动，学生参与不多，不容易调动学生的主观能动性；第二，讲解的对象常常是全体学生，教师很难做到因材施教，为学生提供个性化服务；第三，教学过程是教师单方面向学生灌输信息，因而得到的反馈信息很少，不能充分地调节教学进程，如果运用不当，容易造成“注入式”“填鸭式”“满堂灌”的教学结果；第四，因为教师讲得多，学生需要有一个反刍和巩固的过程，影响学生对所讲知识的即时消化。

2．运用讲解法的具体要求

基于体育教学本身的特征，在进行体育教学时，不应该过多地采用讲解法，否则很容易造成“满堂讲”的现象。教师既不能“满堂讲”，也不能“只练不讲”，而要做到“精讲多练”。按照教学目标的要求，学生的学习效果应该是“既能理解，也能操作”。这就更需要教师具备精湛又高超的讲解水平。精湛的讲解水平被称为“精讲”。这种方法既适用于讲解教材上有规律可循的问题，又适合于无规律性或较难记忆的内容。体育教学应用讲解法的要求有以下几点。

第一，讲解内容应具有思想性、科学且准确。这是保证讲解质量的首要前提。教师的讲解必须真实地反映客观事实及其规律，选用材料必须确切可靠，观点正确且具有典型性，既使学生获得科学知识，又要使学生受到教材内在的思想、道德因素的教育。如果教师的语言讲解过程充满错误且夸张，那学生就会形成错误的观念，就会造成错误的动作技术，导致一系列的不良后果，如不可逆的运动损伤。教师应根据学生需要，选择能反映事物本质的、可概括出科学理论观点的、富有说服力的、在学生“最近发展区”的典型材料，用于课堂教学。

第二，讲解应紧紧围绕教材的基本内容及教学目的。做到体系完整、层次清楚、突出重点。教学原则应注重知识的系统性和启发性，有逻辑地剖析教材的内在联系，合理安排讲述的程序，科学组织讲述的内容、数量和方式。重点是一节课基本理论知识网中的主线应被当作轴心去网织全部内容，对一般内容则可略讲或不讲。必须围绕基本观点选用例证，并将其导向问题的结论，使学生学会融会贯通，举一反三。

第三，教师的讲解语言要准、精、美、活。“语言准”的意思有以下几点。一是发音准确。准确地掌握普通话的音调，可以提高教学效率和教学效果。也就是教师一定要讲好普通话。语言要准确而又生动形象，做到口齿清楚、语气连贯、语调恰当、节奏协调。二是语体准确。也就是讲师的讲解必须尽量选用通俗的口语词和鲜明生动的修辞手法，语调要富于感情色彩，句式短，停顿多，重点地方应当重复；而对概念的表述和原理的阐释，则必须用书面化的语言。三是达意准确。这是指表情达意要准确，分析论证要完整，尽量防止支离破碎、歧义、含混，保证信息传递准确无误。“语言精”包括以下几点。一是要精确。这是指用尽可能少的语言传达出准确无误的知识信息。二是要精练。这是指语言要精练简洁，要言不烦。三是要精彩。这是指语言要富于启发性，有利于激发学生的求知欲，使学生产生学习体育的兴趣。“语言美”包括以下几点。一是要通俗。这是指教师的语言要纯洁、健康、规范而又明了，要通俗易懂，深入浅出。二是要生动。这是指语言要富有形象化、启发性和幽默感等。三是要和谐。这是指发音顺畅通达，表情达意协调，形式内容相符。“语言活”包括以下两点。一是要注意穿插。要注意口语与非口语的穿插，如恰当的体态语言、适当的板书、现代多媒体手段的使用，用视觉感受来缓解听觉压力，以延长课堂气氛的活跃时间等。二是要恰当留空。留空是话与话之间的停顿。合适的停顿可以给学生以体味、回想的余地。留空也可以是时间上的分布，如自由活动等。

第四，教师讲解时应利用黑板和挂图相结合的方式。另外，比较常用的演示手段包括：战术板、可移动人体模型、照片和图画之类的道具、幻灯片、视频等。体育技能学习与文化科目学习不同，其由于动作速度较快而难以实际观察，且学生对自己的动作也不易观察了解。所以，此法将增强体育教学成效，提升讲解教学的效果。教师要对教学挂图与板书内容给予一定的重视。

第五，教学中术语的使用应力求熟练。教师要充分利用口诀教学。教师可以根据教学内容选择一些恰当且形象生动的词语来表达动作要领。术语和口诀是对教学内容的集中概括，语言最为精练。例如，教跳高时可以用“起跳腿要向后摆，摆动腿要略前伸，身体重心应放在右腿上，两腿同时起……”来讲解；教学蹲踞式起跑时，教学口诀可以用“起跑似箭离弓弦，两脚用力蹬后边，积极摆臂抬后腿，蹬直前腿体向前”；排球教学的扣球讲解术语可以用“起跳时身体重心落在脚上，双手抓住球拍向后拉……”；篮球教学中三步上篮的口诀可采用“一大步、二小步、三大步使劲往上跃……”。这些都是从不同角度对身体各部位发力的具体描述。在推铅球的教学过程中，教师可总结如下推铅球技巧：“蹬—送—挺—

转一推”等。为了使初学者掌握这些基本动作，教师可以通过示范或讲解加以指导和帮助。这不仅能归纳动作要领，还可以体现动作用力顺序。这就需要体育教师对每个具体动作有一个准确且形象的认识和描述，才能使学生迅速地掌握正确的技术动作，达到预期的教学效果。此外，体育教学的绝大部分时间都在安排学生实践，教师应根据具体情况，恰当地以短小精悍的语言加以讲述。这种简明扼要的提示对帮助学生掌握技术有很好的作用，如在做立正动作时提示“一平、二靠、三挺”。在准备活动和基本体操等课的开始阶段也可使用简单且明确的指示方法，如在学生进行跳箱的山羊分腿腾越动作，踏跳之后两手撑着箱子的一刹那，教师立即提示“提臀、分腿、推手”，加强学生的印象。在学生实践练习，尤其是静止用力或教师背对学生对团队进行调整的时候，一般不详细讲解，只酌情做简要说明。

（二）问答法

1. 问答法的内涵及特点

首先，我们要知道问答法即为谈话法。简单来说，就是教师在学生原有知识或者经验的基础上，根据教学目标的需要将教材内容归纳为明确的知识点。利用问答法增加师生之间的交流互动，提高体育教学效果。教师可以根据教学内容选择一些恰当且形象生动的词语来表达动作要领。基于体育教学本身的特点，体育教学过程问答不同于文化课课堂问答形式。在体育教学中，问答常以短小精悍的语言出现，有实践就有反思，常见于学生平时的练习中。问答法在开头与结尾的部分都是非常重要的，一问一答耗时少。因此，体育教师要善于抓住时机，巧妙地运用问答法来提高教学效果。另外，问答法仅用于由已知向未知的转化，但不适合用于由不知变为知道。因此，问答法并非在一切教学活动中都能应用。

问答法是个古老的方法。《学记》中就要求教师教学要做到“善问”“善待问”①。古希腊哲学家苏格拉底发明的“产婆术”也是基于这种方法。在现代，问答教学得到充分发展，呈现的形态是多样化的。有的是讲授新知的启发问答，有的是巩固检查过去知识的复习问答，还有的是在练习或试验前后的指导性问答。

另外，问答法结构分两个部分，即“问题”与“回答”。提问应根据教学内

① 傅任敢．《学记》译述[M]．上海：上海教育出版社，2021．

容选择恰当的形式，使之符合教学目标要求。问答关键在于精心设问和提问。在课堂教学中采用问答式教学法，能充分发挥学生学习的主动性，有效调动他们的积极性，有利于提高课堂效率。问答法以师生对话为最大特色，也就不同于讲解法的“老师讲、学生听”的单向传递信息，而是双向交流信息。这种双向信息沟通，不仅有利于知识技能的传递，而且有利于培养学生思维的灵活性。教师的提问会启发学生的思维；教师根据学生的回答得到了一些反馈信息，并且对学生的答案也应该做一些总结、评价，进而更好地引导学生的学习。这样就可以让学生在认知上得到一些反馈信息，这种反馈信息又会促进教师进一步分析和研究教材，改进教学方法和手段。教师与学生之间进行信息交流的过程，以反馈信息为依据，对“教”与“学”活动进行调节与改进。所以，问答法的突出优点如下：第一，便于启发学生的思维，容易集中学生的注意，使学生全神贯注于教学内容；第二，能关照每一个学生的特性，有助于激发学生兴趣，促使学生积极思考，提高学生的思考能力以及语言表达能力。但是，若问答设计得不恰当，往往会使学生兴致索然，问而不答，使得课堂沉闷。

2. 运用问答法的具体要求

用问答法需要教师具有高超的教学艺术，也就是要求教师博学多才，精通课本，擅长启发、引导学生。这样才能使课堂上的提问既能集中学生的注意力，又有利于发挥学生的积极性，从而达到良好的教学效果。另外，采用问答法需要学生有一定知识储备与亲身经验，不然，教师与学生的对话很难展开。在课堂教学中，只有通过提问才能营造一种积极活跃的气氛，达到预期目的。为此，应做好以下工作。

第一，教师在教学中应依据教材，结合学生情况，充分备课。课前必须有充分的准备工作。例如，精心设计师生对话所需的时间、具体问题，提问顺序和对象，预设学生可能会回答的结论，以及怎样进一步启发、引导学生。

第二，教师要掌握好谈话的思路和线索，注意谈话的系统性、逻辑性，遵循由浅入深、由具体到抽象、由近及远和由此及彼的原则。“谈话的顺序一般是先引出某些事物的现象、事实，从提问这些现象、事实‘是什么’‘是怎么样的’，进而深问为什么这样，‘说明了什么道理’‘有无规律性’，这些事物与别的事物‘有什么关系’‘应该怎样看待’等。在这种问答对话过程中，教师一定要紧紧抓住谈话的中心线索，让学生始终感觉到这个中心线索，帮助学生学会运用正确的理论观点解疑释惑，提高认识。要尽量避免诸如‘对不对’‘是不是’‘好不好’一类的提问，因为这样的提问不能启发学生的积极思维，收不到良好的谈话效果。”[①] 谈话结束时，一定要言简意赅地做好总结，引导学生获得知识并探求知识的方法。

第三，要抓住问题的要害，即抓住教材内容的重点、难点、新旧知识的结合点进行提问，同时要注意控制问题的难度。简单提问的意义不大，激发不起学生的兴趣；但问题过于深奥，学生无法思考，反而挫伤了其积极性。所以，从提问的内容上要求，设计的难度要符合学生的实际水平，必须先易后难、由浅入深、化难为易、循序渐进，使大多数学生都能通过努力回答出来。课堂提问最忌过难或过易，要以学生原有的知识为依据，精心设计问题。首先，应有一般层次的问题，体现在对教材内容的理解、回忆和再现上，使学生能用自己的语言表达，并解决简单的问题。其次，教师还要提出具有一定深度的问题，表现出自己对教学内容深入的思考与探索。最后，还应有更高的提问层次，具体表现在教师对教材内容的整合和分析上。教师要根据教材特点，精心设计教学过程中的各种问题。对难易程度不一的题目，应请不同水平学生作答，锻炼每一位答题的学生的思维能力。

第四，谈话教学要面向全体学生。在谈话教学中，每个提问和答问，可以向个别学生提，也可以向全班学生提，回答同样可以是个别的、部分的或全体的。教师提问，不应有一定顺序，但是，问学生问题的机会应该平均地分配给全班学生。提问时要根据教学内容确定问题的类型与数量，并尽可能多地提出一些能引起学生兴趣、引发积极思考的问题，同时也应注意避免提问中出现错误。教师提问的问题要引起全班学生的兴趣，并引起他们的深思，尤其要鼓励成绩一般的学生参与问答讨论，激发其主观能动性，满足程度不一、层次不同的学生的求知欲望。

第五，教师必须正确地对待学生的答案和提问，要尊重学生的观点，不以自己的意志为转移。学生在答题过程中，教师应该认真倾听，态度应该是和蔼自然的，不能太过严厉。教师在课堂上对学生提问时要根据不同情况采取有针对性的

① 张应强，周明星．素质教育与实践能力培养全书[M]．北京：华龄出版社，2000．

方式，提问不能简单粗暴，出现学生一问三不知的糟糕现象。教师应鼓励学生全面系统地答题，不懂的不能胡编乱造。在课堂上，教师要及时对学生回答不准确的地方进行提示，帮助他们理解和掌握知识。提问后，教师要给学生留出足够的思考时间，切忌提问后立即让学生作答。如果学生回答不出来，教师可以及时给出提示，然后再加以纠正和帮助。需要注意的是，倾听是相互的，既要求学生仔细聆听教师的问题，也要求教师耐心倾听学生的回答，及时做好补充说明的准备。教师在课堂教学中要积极与学生进行对话，指导全班学生进行讨论和补充。在教学中，教师应尽量给学生创造机会和条件，让他们大胆地发表自己的看法。学生错了，教师既不能挖苦讽刺，也不能嘲笑轻视，但应采取相应办法进行纠正，让学生建立自信；应鼓励学生大胆提出问题，勇于质疑。

（三）讨论法

1. 讨论法的内涵及特点

讨论法是根据教材中的重点、难点、疑点而组织的教学方法，学生会在教师的引导下，以班级或小组的形式，以教材为核心发表各自的看法。讨论法是通过探讨或者小组辩论掌握体育知识或者辅助运动技能的教学手段。要尊重学生的观点，不以教师自己的意志为转移。讨论法具有很多模式，如评述式、交流式、质疑式、辩论式等。在选择教学形式时，要根据不同内容选用合适的教学模式，不能简单地套用“讨论题”或“评分标准”，否则会影响教学效果。另外，讨论法并非在所有教材中均能运用，只有启发性强又有一定困难的教材，才会引发学生主动思考。讨论法常常是配合其他教学活动进行的，如在讲解、谈话、自学、参观、演示、实验之后，或在这些活动的过程中进行。①

讨论法的实质是由教师给学生创造一个生动、活泼的情境，以及民主、和谐群体学习环境，给学生提供一个充分彰显个性的契机，使学生经过独立思考完成认知过程。讨论法在教学实践中是一种重要且有效的教学方法，它是以小组或个人形式进行的合作探讨性学习。学生只有成为讨论活动的积极参与者，才能发挥主动性和积极性。学生可以各抒己见，多动脑、多动嘴来进行多向交换信息，这种做法能够满足不同层次、不同水平学生的需要。讨论法能集思广益，相互启迪，

① 张兴．现代教育有效教学方法[M]．北京：北京艺术与电子科技出版社，2005.

深化认识，共同提高，帮助学生养成钻研的习惯和探索的精神，提高学生对问题的剖析、解决能力。因此，用讨论法教体育是一种比较好的教学方法。讨论法具有激发兴趣、启迪思维、培养能力等功能。但是利用这一方法，要求学生掌握一些基本体育知识，具有一定理解能力与思考能力。但讨论法耗时长，在一定程度上制约了教师主导作用的发挥。另外，从学生发言中所获得的知识一般是零碎的，缺乏系统性，甚至有某些错误。

2. 运用讨论法的具体要求

运用讨论法，需要注意以下问题。

首先，在讨论之前要有充分的准备。总的来说，教师和学生在讨论之前都要开始进行一些准备。第一，制定讨论议题。第二，搜集有关文献和信息，了解研究方法与步骤。第三，预估讨论所需时间，搜集多种信息。第四，开展目标明确的批判的理论知识教学，在阅读教材资料时，对教材进行重组，将其整合为系统性的知识体系。根据这些内容和形式来设计课堂上的提问。第五，认真写提纲和概要，准备完善的发言稿或者书面报告。第六，在整个讨论过程中，教师要把自己的理念讲给学生听，并了解他们的想法和意见，以便能根据这些信息来调整自己的教学方案和内容。准备好表达方式，将想要发表的意见按逻辑顺序排列，综合考虑可能会给学生带来的冲击力度。同时，对主持讨论活动，教师要提前准备好完善的计划。应当明白，确立的教学目标不仅要具有教育价值，还要有的放矢。在进行具体教学之前，教师应先让学生明确自己的学习目的和要求，然后再根据这个目标确定讨论内容。讨论话题最好从学生的疑问中挑选。为此，教师一定要了解学生的理念脉络，弄清学生的困难疑点，弄清主要问题的关键，可以把学生更关注的、与他们目前或将来的生活密切相关的问题找出来。讨论的话题应具有一定的难度和实际价值。

其次，要做好组织工作。讨论组一般由四人组成，然后每组选一人进行发言。教师可根据不同观点，组织辩论，使讨论逐步深入。讨论时，要让学生自由发表意见，同时又要引导他们围绕中心，联系实际进行发言。教师要鼓励学生之间进行讨论，鼓励有创见性的意见，但又要注意培养他们虚心听取别人意见、不固执己见的学风。

再次，教师应给予学生积极的指导。教师要采取一定的措施营造讨论的良好氛围。提问能激发学生兴趣和求知欲，有助于师生间、同学间的相互交流，促进彼此思维活动的展开和深入。教师在教学中要善于运用问题，这是引导讨论取得成功的关键之一。教师在课堂上要尽量使用不同层次、多种形式的问题来激励学生回答，鼓励他们发表自己的见解。教师要围绕论题展开、巧设问题，指导学生相互交流。教师应该鼓励学生发表自己不同的看法。教师要尽最大努力，避免透露出对学生评论的欣赏或者厌烦，要做到一视同仁，让全体学生都能得到相同待遇。在讨论过程中，学生可能会因不同的意见和主张产生争论，教师应控制好争论的尺度和分寸，既要活跃课堂气氛，激发学生的学习兴趣，又要注意学生的情绪，营造和谐的课堂氛围。对于学生的粗浅的论证和错误的推断，教师要处理好，加以剖析和纠正时，应该采用恰当的办法，注意保护学生的自尊心。对于一些似是而非的问题，教师也应鼓励学生展开讨论。在讨论混乱的情况下，教师可以通过进一步的提问，让学生厘清自己的思路，进而明确各种观点的正确性。教师对学生的不同意见应给予相应的鼓励和帮助，并及时纠正其错误的观点。讨论期间，教师在教学中要重视倾听学生说话，并提醒学生关注需要探讨的论题，避免背离讨论议题。

最后，教师对讨论的结果要进行及时总结和评估。教师要组织学生开展多种形式的讨论活动，鼓励他们大胆质疑、勇于创新。在讨论结束时，教师应当及时总结，对于讨论存在的分歧，必须辩证地加以剖析，得出科学结论。在此基础上，教师还要不断提高自身的素质，以保证讨论活动的顺利进行。与此同时，教师应进一步提出疑问，让学生自主讨论、自主学习。如果没有学生自己的评判，就无法保证讨论达到预期的效果。因此，在教学过程中，应注意培养学生的自我评价意识。评估讨论的成败，可以将学生自我评价作为部分依据。教师在对学生进行评价时要注意方式方法的多样性，不能千篇一律。学生在自我评价中，能循序渐进地提高讨论技巧。评估讨论的重点是能否实现预期目标，有没有偏离主题，有没有保证每一个学生的参与等。

（四）读书指导法

1．读书指导法的内涵及特点

读书指导法就是教师通过自主阅读体育教材和参考资料等方式，对学生进行有的放矢、有步骤的引导，使其掌握有关运动技能的理论知识，以及提高训练阅读能力的教学方法。这样既能提高学生的学习兴趣，又有利于教学任务的完成。

书本是学生获取知识最重要的途径之一。相比于依靠听取教师的讲解，大学生学习更倾向自学，自己读懂教材，以便对所学内容深刻理解并牢固掌握。因此，在大学教学中，采用读书指导法对提高教学质量具有重要意义。读书指导法大致流程如下：第一步，学生认真阅读教师安排的阅读内容；第二步，学生把阅读过程中遇到的问题记录下来；第三步，在课堂上把问题反馈给教师，教师再整合学生的疑问，集中处理答疑；第四步，学生根据教师的讲解更深层次地理解问题，提高自身分析问题的能力，总结规律和经验；第五步，教师抓住重点和难点，为学生安排合理的课后作业；第六步，学生依据自己掌握的知识完成教师布置的作业。读书指导法在大学体育教学中具有重要作用，它可以帮助学生提高知识理解力和记忆力。读书指导法要综合运用讲解法、谈话法与其他教学方法。

读书指导法增加了“教”与“学”的时间，扩大了教学和学习空间，使得学生的主体作用在教师的引导下能够充分得到体现。它可以充分调动学生积极主动地学习知识，能够充分提高学生的主观能动性，促进学生内化知识，养成自学习惯，提高自学能力。

2. 运用读书指导法的具体要求

第一，教师在运用读书指导法时，在阅读之前，应该给学生确立一个清晰的目标，为学生阐明学习要求，提前布置思考题。在教学中，应注意引导学生通过阅读来进行思维训练，探索发现，获取新信息。课前引导学生做好教材的预习，提出预习要求以及需要考虑的问题，使学生带着问题和目标去阅读，独立把握研究方向和学习要求。为了达到学习目标，学生要独立规范、调节自身行为。这样，既能激发学生的求知欲，又有利于培养他们独立思考、独立解决问题的能力，从而养成良好的思维品质。教师在课内应引导学生一边读课本，一边想问题，读与思相结合，让读书的过程变成一个发现问题、提出问题、解决问题的循环过程。在课下或者做作业之前，教师应该引导学生对教材进行回顾，以便完成知识的深化理解和巩固。

第二，培养学生阅读的技巧。首先，教师要教会学生使用工具书，包括字典、词典，并学会使用图书目录、索引等。这是学生排除阅读障碍和进行独立阅读不可缺少的工具。学生学会使用工具书，将有助于培养独立阅读的能力。其次，教师在指导学生读书时，要把精读与略读、读与思结合起来。在教学时，要求学生弄懂书中的字、词、句、段、篇、章，学会概括段落大意，归纳中心思想，懂得朗读和默读的要求及方法，并且会做读书笔记。此外，还要要求学生看懂图例，能根据图意说出所表示的内容，会使用学科语言表达书中的结论，能叙述书中阐明的原理等。最后，用多种方式指导学生阅读。教师要引导学生寻找教材之外的参考书资料，利用拓展资料来加深对课本知识的理解。在教学中，教师应注意引导学生通过阅读来进行思维训练，探索发现、获取新信息。如有需要，教师也可以引导学生阅读与教材无直接关系的书，如课外读物或有关学校生活的材料。学生在处理课内课外问题的过程中应善于借助参考书。这就要求学生学会在图书馆使用图书分类目录卡片，学习做书刊摘录等。总之，要明白课外书籍对课堂学习有一定辅助作用。另外，学生按照教材内容使用表格和示意图等，对所学知识进行系统分类，根据主题进行总结性的概括，等等。

二、以直观感知信息为主的体育教学方法

体育教学通过用某种直观的方法，在人的感觉器官中发挥作用，让学生运用多种感官对客观实物或者现象进行直接知觉，从而产生感知的教学方法就是直接感知法。这种方法在体育课堂教学中有广泛的运用价值。感知是人对事物认识的开始。所以，以直观感知信息为主要手段的体育教学方法，对学生把握教学内容、实现教学要求、完成教学任务具有十分重要的作用，它具有直观性、形象性和趣味性等特点。主要的直接感知法有动作示范法、演示法、纠正错误与帮助法。

（一）动作示范法

在体育教学过程中，动作示范法运用最为广泛，而且直观形象。举个例子，教师拿自己或者指定一个学生做示范，分析其动作，让学生了解所要学习的动作的顺序、要领和结构，建立正确的动作表象。在体育教学活动中，动作示范法不仅可以帮助学生明确学习目标，而且还能培养他们具备良好的心理素质和组织纪律性，对提高教学效果有着不可忽视的作用。对于体育教学来说，这主要是教师向学生教授正确的动作技术，从而提高学生身体素质。因此，动作示范法在体育教学中是最主要的手段。

动作示范法就是让学生理解已学过的动作表象，关注动作结构和次序，掌握动作要点，领会动作特征。正确合理地进行动作示范，不仅有助于帮助学生形成

正确的运动概念，而且对提高教学质量也有一定的促进作用。标准、漂亮的动作示范，也可以引起学生的学习兴趣，提高学生的学习信心。

1. 示范面

运动动作种类繁多，因此，动作示范更应该重视示范面这个问题。这种方法在体育课堂教学中有广泛的运用价值。示范面就是学生观察演示的角度，包括演示的快慢、远近等内容。教师要根据教学任务、教学内容以及教学要求，有目的、有意识地选择各种不同形式的示范面进行教学，以达到提高教学效果的目的。示范面的具体内容有以下三个方面。

第一，从正面进行演示，简称正面示范。正面示范要求师生面对面站着做演示，这样方便教师表现正面动作要点。例如，在球类运动中，采用正面示范的多为持球动作教学。

第二，从背面进行演示，简称背面示范。背面示范要求教师背对学生站着做动作演示。背部示范方便展示教师的背部动作，以及左右移动的细节，更能充分展示复杂的动作，如行动方向、路线变化等。另外，这也有利于学生模仿教师的动作。常用背面示范的有武术动作教学等。

第三，从侧面进行演示，简称侧面示范。侧面示范要求教师侧对着学生站着做动作演示。顾名思义，侧面示范方便教师演示动作侧面，学生可按照前后左右进行模仿，如跑时的摆臂动作，以及腿部的后蹬等。

2. 动作示范法的要素

第一，从速度上看，学习体育动作需要建立正确而系统的运动表象，教师应帮助学生共同构建。教师要注意因势利导，以不同速度示范论证。通常可按常规速度演示。另外，慢速演示一般在突出展示动作结构部分时采用。

第二，从距离上看，要根据动作示范完成的活动范围、学生数量、安全需要，适当选择学生观察所需的动作示范距离。

第三，从视线上看，为了更方便观察，学生的视线和动作示范面应该保持垂直。当教师用直拳或双手向后拉时，学生的视野就会被拉长。当大部分学生都用横队的方式观察示范动作时，离横队两头越近，学生的角度越不垂直。因此，教师可以根据不同的场地、环境和教学人数，设计出适合自己班级实际的教学方案，尽量使每个学生都能看到并看清示范动作。所以，学生在观察示范动作时，队形不应该拉得过于宽大；人数多的时候，要请学生列成几行横队去观摩演示，防止后列学生的视线被横队前列的学生遮挡。

第四，对于视线干扰的因素，教师要注意使学生背对或侧着阳光和风向，以免视线受到干扰，不利于观察。

3. 运用动作示范法的具体要求

首先，动作示范应具有鲜明的目标，教师应让学生了解示范动作的重点。教师在每一次演示之前，要讲清楚需要解决的内容，必须按照教学任务、教学步骤，综合考虑学生的具体情况，合理安排演示时间、速度和重点等。如果学生在上课前没有做预习功课的话，教师可采取先示范后讲解的方法进行教学。在动作关键环节中，要尽可能减慢演示速度，一边演示，一边解释。教师可利用静止演示来重点突出动作中的关键和难点。例如，学生在学习排球上手传球时，教师可采用静止持球显示法，使他们对手形和触球部位有一个清晰的观察，不受其他动作表象的干扰。

其次，为了让学生明确动作概念，教师的动作示范必须准确，避免学生因对理论概念的理解不当而产生不正确的技术动作。并且，重复多次的错误动作会让学生形成不正确的动作定型。另外，由于学生接触新事物时兴趣较大，当教师初次演示的时候，他们会格外专注，印象最深的也是初次示范。因此，教师要格外重视首次演示。

最后，教师要选择有利于全体学生观察的地点与方向进行示范。教师布置恰当的示范地点和环境，可使学生对示范有较好的印象。演示的地点要以学生队形为基础，综合考虑运动的构造，选择学生们都能观察到的地方进行教学示范。另外，教师还要确定场地器材条件和安全要求。为了有利于观摩示范动作，教师应保障学生在动作示范中的观察视线和动作示范面近似垂直。在室外操场上授课时，教师的示范位置还要注意不要让学生迎风和面向复杂的环境，示范投掷项目时还要考虑安全因素。

（二）演示法

1. 演示法的内涵及特点

演示法是教学方法的一种，就是教师通过演示体育教学的各种实物，借助直观的教具，使学生在观察中得到感性认识，它和讲解法、示范法一样，是一种辅助性教学方法。由于演示法形象生动、直观逼真，能使学生对教学内容形成鲜明的印象和深刻的理解，所以受到广大体育教师的重视。有些动作的演示是很困难的，但对运动表象的构建却具有重要意义。演示法就是必不可少的教学方法之一。想要收到良好的教学效果，教师就要综合运用演示法、讲解法与谈话法。

2.运用演示法的具体要求

首先，演示的目的要明确。上课前，教师要根据大纲和教材的要求，弄清演示的目的，明确演示的关键，认真做好准备，如设置演示的内容、选择好演示的对象、准备好教具、事先进行预演、以保证课堂上演示的顺利成功。

其次，演示要有示范性、规范性。围绕教学目标，根据教学内容提出问题，把学生的注意力引导到应该观察的事物上去。教师在演示时，要让所有学生对示范动作进行观察，并且尽量让学生用各种感官感知来加深印象。另外，演示物要选好摆放地点，使学生都能看得清楚，增强展示效果。

再次，演示时要引导学生集中注意力，以发展学生的观察力和思考力。在课堂上进行演示，会使学生感到新奇，学生往往只凭兴趣去观察，只注意细枝末节，忽略需要感知的重点，这会造成学生对事物认识的曲解、错觉，不利于形成正确的概念，达不到演示的目的。此外，教师应及时提示和引导学生进行分析与综合、归纳与演绎，并要求学生能用准确而清楚的语言表达从观察中得出的结论。

最后，演示要适时、适度。演示要适时，过早会分散学生的注意力，待到需要观察认识时，学生已失去了对演示的兴趣。演示也不宜过多，如果在一堂课里，各种实物和演示纷至沓来，就会弄得学生眼花缭乱，应接不暇。

（三）纠正错误与帮助法

学生在学习掌握动作技术时，出现这样或那样的错误动作是一种正常现象，体育教师要采取有效的措施，及时地加以预防和纠正。不然，学生很容易形成不正确的动作定型。这样既影响学生获得正确的知识、技能，又容易发生伤害事故，同时大大影响学生的身体健康。在体育教学中，教师对错误动作的纠正往往是一种重复或反复的行为过程，这样就容易使学生对这种现象缺乏重视。所以，在教学时，教师一定要采取切实有效的措施，防止并纠正学生可能产生的种种错误。

1. 产生错误动作的主要原因

教师在对学生的错误动作进行纠正时，必须使用恰当的措施对学生实施帮助。教师要对造成错误的原因进行分析，才能选择合适的方式对学生进行纠正与辅助。如果教师不了解错误动作形成的根源，盲目地使用不恰当的教学方法，不但达不到目的，反而会适得其反。通常造成错误动作的因素有很多，归纳如下。

第一，学生没有明确自己的学习目标，缺乏练习主动性，敷衍应付，不认真完成学习动作。还有可能因为特定的动作有一定难度或者运动负荷过大，学生承受不了，就会出现怕难、畏苦和害怕受伤的心理。

第二，学生的一般身体训练水平和基本技术水平较差导致产生动作错误。

第三，受场地、器材设备等教学条件和周围环境、季节气候的影响产生错误动作。

2. 纠正错误与帮助法的类型

根据错误动作的属性，纠正错误与帮助法可分为限制练习法、诱导练习法和自我暗示练习法。

第一，在教学中，教师应根据教学内容和学生情况，适当地采用一些限制练习法去纠正学生的错误做法，以提高教学质量。简单来说，限制练习法就是指教师在设限情况下纠正学生错误动作的手段。以练习起跑为例，把一根细竿固定在学生头上——这是限制条件；在这种情况下，让学生起跑，使其从中能把握正确的长跑技术动作，以免学生过早挺直腰杆跑步。

第二，诱导练习法能有效地提高教学效果。诱导练习法指教师设置某种条件，诱导学生达到教学要求的手段。以垫子上做肩肘倒立的动作为例，如果学生腰腹部直不起来，可以在垫子上挂吊球，引导学生脚尖触球，从而保持腰腹伸直。

第三，自我暗示练习法是一种间接训练手段，对提高运动成绩有很大作用。它是指当学生清楚地掌握了完成运动的方法，但没有注意到而在实践时自觉提示自己要达到要求的手段。例如，跑步的时候后腿蹬地不够，学生要在练习的时候提醒自己。

3. 运用纠正错误与帮助法的具体要求

首先，上课前，教师一定要仔细研究教材，把握正确技术动作概念，并且从教学的具体实践中，总结有效的教学方法。教师要对教材内容进行科学的选配和编排，充分利用或精心设计一套诱导性或限制性的练习，让学生领悟动作要领，熟悉动作用力顺序及力度，更快地获取本体感知。

其次，教师要增强学生学习兴趣。在让学生明白学习必要性的前提下，教师要帮助学生确定学习目标。教师想要善于激发学生对所学知识的浓厚兴趣，让他们积极投入体育活动中去，切实加强课堂教学组织。其一，教师要增强自身的教学能力，关注学生体育练习的具体过程，不断地对学生练习内容进行调整与搭配，时刻确保学生具有较高的练习热情。其二，教师要不断地消除学生对学习的恐惧，通过采取有效安全的措施，如安排有步骤的练习、适当的保护和援助手段，给予学生一定的练习空间。

最后，对于学生的错误动作，教师要善于分析、找到造成误差的根源，从而在帮助学生纠正时做到有的放矢。在对学生错误动作进行纠正时，教师应避免就事论事，仅就技术教学方面进行纠正。所以，在纠正学生错误动作之前，教师先要认真分析产生这些现象的主要因素，然后对症下药。在实际教学中，学生出现的错误动作在很大程度上是因为身体的训练水平没有跟上，还有的是因为学生的心理状态失衡。如果教师一味批评，往往会引起他们的反感，从而使他们丧失了学习的兴趣。因此，教师必须耐心细致地帮助学生改正不正确的动作，遵守循序渐进原则，让他们明白道理、剖析成因。特别是对于基础较弱的学生，教师不但要严格要求他们，也要耐心协助，不可进行嘲笑挖苦。

三、以身体练习为主的体育教学方法

主要通过身体练习进行体育教学的方法，就是要培养学生的行为习惯和学习能力。这种教学方法以发展学生解决问题的能力为主。学生掌握动作技术、技能，锻炼身体，增强体质，都需要通过反复练习来实现。所以，以身体练习为主的体育教学方法对实现体育教学目标具有重要的意义。其常见的主要有以下几种。

（一）完整练习法与分解练习法

1. 完整练习法

首先，完整练习法贯穿动作的始终，不会对动作进行阶段分割，使用完整练习法的教学，其整个教学过程是连续的、系统的、全面的。在体育课堂教学中，教师根据教材特点，运用这一方法组织学生练习，能使他们迅速掌握技术要领并提高技能水平。它适用于“会”和“不会”之间，没有质的区别，或因运动技术难度不高而没有必要进行分解或根本不可分解的运动项目。①

其次，采用完整练习法可使动作结构完整，通常不损害动作结构。优点是不对动作和运动的内在联系进行割裂，易于在动作技术中形成一个整体概念，并在动作之间建立联系。缺点是对于动作技术比较复杂的因素与环节，不利于学生迅速把握。

采用完整练习法的具体条件如下。

第一，实践开始之前，应运用示范、演示等手段，帮助学生构建动作表象。例如，使学生把握好运动方向和路线，以及节奏、速度和其他因素，有助于学生对运动有一个全面的理解。

第二，对于简单易行的动作，学生对教学内容的把握更容易。教师经过讲解和演示，便可马上组织学生进行实践。实践中，教师若发现了错误，就要及时引导改正，有助于学生全面地理解动作。

第三，要善于运用口令进行动作练习。口令在体育教学中，经常用于队列、队形的变换与训练及广播体操。口令应严肃、准确、洪亮、清晰、熟练，并根据学生人数的多少、学生年龄等适当变化。比如常规口令，即一动一个呼号，适用于基本功和基本动作练习，也适合简单套路和初级套路练习。再如提示性口令，即在动令之前，用动作名称、简明术语或技术特点进行预令提示，适用于武术的动作练习。

第四，对于存在一定困难的动作内容，采用完整练习法，可以先对动作要求进行简化，通过运用辅助器材，借助教师的协助，减少动作难度，然后按教材技术规格要求授课，开展多样化辅助性练习与诱导性练习。在采用辅助性练习或诱导性练习的同时，还应注意发展学生掌握完整动作技术所必备的身体素质和协调能力。例如，在教支撑跳跃时，可以先降低器材（山羊或跳箱）的高度等。

第五，要注意练习效果的即时评价。在练习过程中或练习之后，教师应注意为学生即时提供反馈信息，让他们明晰自己是否已经掌握了该项知识或技能。当然，教师的反馈也不应过度，过于频繁的反馈也会打乱学生的学习进程。例

① 毛振明，于素梅．体育教学方法选用技巧与案例[M]．北京：北京师范大学出版社，2009.

如，学生在练习过程中或做完动作之后，教师可以用肯定或否定的语气说“很好”“好”“不错”“不太好”“不好”等。

2. 分解练习法

教师采用分解练习法进行教学，能够简化教学过程，减少教学时间，易于学生掌握重难点知识；突出教学的重难点；增强学生的学习自信，使其更快速地掌握技巧。但是，如果使用不当易使动作割裂，破坏动作的技术结构和系统性，影响动作技能的形式。

（1）动作分解的方式①

第一，从动作技术结构次序来看，以体操中的“低杠挂膝上”为例，该动作就是由助跑、挂膝及挂膝上三大部分构成。可以根据动作技术结构的先后，先练助跑，增强动力；再练挂膝，增强动力的连贯性；最后，把助跑、挂膝等动作串联起来，成功学会这一运动。

第二，从动作技术结构反应来划分，如跨栏就是由助跑、起跨、过栏摆腿和着地组成的。学生可以按照动作技术结构的顺序，先练落地、无栏摆腿或栏侧练习，再练过栏动作和栏间助跑，最后把一系列动作串起来练习，以此来达到教学目标。

（2）分解教学的形式

第一，分进式，即将动作的各段按一定顺序进行逐段教学后，再全部连接起来进行完整的教学。

第二，递进式，即先教第一段，再教第二段，然后将第一、二段连接起来教；掌握后再教第三段；最后再将第一、二、三段连接起来教学，直至完成全部动作的教学。

第三，连进式，即先教第一段，学会后再将第一、二段连接起来教学，两部分都学会后再将第一、二、三段连接起来教学。如此相连，直至完成全部动作的教学。

（3）分解练习法的基本要求

第一，分解动作时要考虑到各步骤之间的有机联系，划分开的各个动作应易于整个动作连接，并不破坏动作的结构。教师在教学时不能破坏动作自身结构。

① 毛振明．体育教学论：第2版[M]．北京：高等教育出版社，2011．

以教学跳远为例，通常是将助跑与起跳两部分联系起来完成。

第二，教师在分解各环节教学内容时应该把每一部分内容在整个教材中的地位和作用都详细讲给学生听。这样可以使学生清楚地认识到这部分内容和上下相接内容的联系，尤其是和下一部分内容的联系。分解动作练得不能太久，应在基本把握的前提下，把各个部分动作串联起来。

第三，教师在把握完整的教学内容的基础上要综合使用分解法和完整法。教师可将教材中所包含的知识点分成若干层次，并按不同要求分阶段完成。分解法就是一种对完整教学内容合理把握的方法，用时不能太久，避免影响学生把握完整的内容。如果分解得不好或过快，会使教师感到难以控制教学进度和教学效果。通常情况下，当学生基本上掌握了重点部分后，教师应马上转到完整法的教学上来。

（二）变换练习法与循环练习法

1. 变换练习法

变换练习法中的条件通常包括动作内容、形式、组合结构、运动负荷的表面数据及环境、设备等。变换练习法的特点是练习条件的变换。通过变换练习，教师可提高学生中枢神经系统和身体各器官系统间的协调能力、对环境和负荷的适应能力，刺激人体更快地适应，从而有效地提高学生的体能，提高学生对体育的学习兴趣。

根据练习中是否有间歇，变换练习法又可分为两种：连续变换练习法和间歇变换练习法。连续变换练习法是一种没有间歇的练习方式，主要变化条件包括动作的组合结构、内容形式、环境设备、运动负荷的表面数据。它普遍适用于周期性的运动项目，如越野跑。间歇变换练习法是指在间歇后改变动作内容、形式、组合结构、运动负荷的表面数据及环境、设备等条件再进行练习的方法。例如，某种距离跑间歇后增大或减小跑速，体操、武术套路练习中动作组合的改变，等等。

运用变换练习法应注意以下几点。

第一，要根据特定需要选择和安排变换的条件。根据实际需要有针对性地安排变换的条件，如在改进提高运动技术时，一般改变技术要素；在提高应用能力时，一般改变环境和条件因素。

第二，对变换的条件和内容要做出明确的要求和限定。在发展学生体能时，教师要使运动负荷符合练习的要求及学生的承受负荷能力。

第三，运用变换练习法时应注意避免正确动作的干扰因素，防止错误动作的产生。

2. 循环练习法

教师依据实践的任务与需求，事先选择几种练习手段做“练习站”，学生依据顺序规定，按照练习要求进行逐站练习的方式就是循环练习法。循环练习法有多种练习方式，其中以流水式循环、分组轮换式循环为基本方式。流水式循环是按练习顺序、路线、要求排成一路纵队依次循环练习；分组轮换式循环指把学生分成若干组，各组学生分别在各练习站按练习要求同时开始练习，一站练习完后，按一定顺序到下一站练习，如此依次循环进行。

循环练习法的特点是练习的程序和要求可根据练习的任务与学生的特点及教学的条件进行设计，有多个练习手段、练习过程，能有效地增大学生练习密度和运动负荷。

在具体运用循环练习法时，应注意以下几点。

第一，选择身体练习，确定练习的运动负荷、练习站（点）的数量和循环顺序都服从练习的任务。一般而言，以改进和提高技术为目的时，练习站（点）的数量可适当减少；以发展体能为目的时，练习站（点）可适当增加。

第二，各站（点）选用的练习手段应简便易行。要尽可能使所安排的练习手段对身体各部位及发展各项身体素质具有不同的影响，注重发展各种教材的搭配和对学生道德意志品质的培养。

第三，各练习站的练习内容应尽可能安排不同性质，影响身体不同部位、难易和负荷大小不同的项目交替进行。各站连续完成练习的运动负荷，可从学生最大负荷能力的三分之一开始，练习过程中可逐步增大，但一般不超过三分之二。站（点）的练习量较多时，强度应小一些；反之，强度较大时，练习的量就应少一些。各站（点）之间可安排适当的休息，各站（点）的运动负荷应大小间隔搭配，练习循环的次数也可视教学的任务、学生的条件及其需求而定。

第四，严密组织。运用循环练习法时，有众多的学生同时做不同的练习的情况，如果设计、组织不好，那么就容易发生教学事故。

（三）重复练习法

重复练习法是在不改变身体练习的技术结构和运动负荷的表面数据的条件下，进行反复练习的方法。重复练习法是学习技术、发展体能的最基本的方法。如用同一速度跑5个50米，或在一定高度上（1.5米）用同一姿势（背越式）反复进行跳高练习等。

1. 重复练习法的特点及类型

重复练习法的特点是练习的条件固定，反复进行练习，且每次练习的间歇时间没有严格规定。重复练习法有利于学生在反复的练习中掌握和巩固动作技术，提高运动负荷量，发展体能，增强意志。因此，重复练习法通常用于周期性项目中发展一般耐力的教学及球类项目的教学。

根据练习中是否有间歇，重复练习法可分为单一重复练习、连续重复练习和间歇重复练习三种不同的形式。

单一重复练习是指在对同一动作的每一次练习后，根据学生需要，安排适当休息时间的一种重复练习法。此法的特点是练习持续的时间短，休息控制灵活，练习数量少，运动负荷较小。因此，单一重复练习多用于动作的初学阶段。其主要作用是有利于学生集中精力学习及教师对学生完成动作的观察。

连续重复练习是指在动作练习之间无间歇地对某一动作进行多次重复练习的方法。该练习的主要特点是练习持续时间较长，练习的重复次数较多，练习密度和运动负荷较大。一般而言，一些周期性的运动项目和发展耐力的身体练习，如游泳和中长跑，通常采用连续重复练习法。用于非周期项目动作教学时，可根据教学需要人为地赋予周期性特点，连续地进行重复练习，如篮球的连续传接。连续重复练习在教学初期运用时，要注意控制好连续重复的次数；用于发展学生体能时，要注意负荷与休息的合理安排。

间歇重复练习是指学生练习后安排相对固定的间歇时间再重复进行练习的一种方法。间歇重复练习的主要特点是对练习间歇时间加以适当的控制，以加强对机体的影响。运用间歇重复练习的关键是要根据教学、锻炼的需要和学生的承受负荷能力，安排好间歇时间。

2. 运用重复练习法的具体要求

第一，因人而异，控制好负荷强度。在体育教学中，要依据不同教材、季节气候和学生的体质状况选择重复练习的内容，安排运动负荷。应尽量选用简单而有实效的，或已基本被掌握的练习手段，以保证练习的准确性，提高练习效果。若强度较大时，就要缩短练习时间；而当延长练习时间时，练习强度就不能太大。

第二，加强医务监督。教师在教学中要善于观察学生练习时产生的生理反应，对教学内容及时进行调整。

第三，加强思想教育。因重复练习法较枯燥，因此，教学中除广泛采用多种练习的组织形式外，教师应不时地对学生进行吃苦耐劳、坚韧不拔的意志品质教育，使学生明确发展体能的目的和意义，激发其锻炼动机，并向学生传授重复练习法的基本知识及控制与调节运动负荷的方法，采取灵活的调整措施，调节课堂的气氛。

第二节　传统体育教学的弊病

一、体育教学观念滞后

首先，传统体育教学仍然以教师为主导，主要是讲授运动技术。课堂教学将教材作为内容，多数是以教师讲授为主体，以复习为补充。这种教学方法过多地突出了教师在教学中的主导作用，片面强调体育知识的传授和体育技能的培养，把体育教学的意义集中在增强体质上，无视学生的主体性，认为学生是“白纸”和“容器”。教学过程中，学生仅仅是教师塑造与提升的客体，处于从属和被动地位；教师全然不顾学生的三维健康观，忽略了为学生健身应提供的科学理论与方法指导。传统体育教学忽视了学生的主体需求，限制了学生的创造性和创新能力的发展，从而影响学生体育意识的培养和体育能力与习惯的养成。

其次，这种落后体育教学观念严重地影响着高校人才培养目标的圆满完成，使大学生在步入社会之后，很难养成坚持体育锻炼的习惯与意识。在我国高等教育中，由于受传统教育思想和传统观念的影响，体育教师和学生都存在着一种“重教轻学”的现象。为了改变这一现状，只有转变师生的思想，由以教师为核心向以学生为主体转变，才能使体育教学从学生的被动学习转变为主动学习，进而使学生主体作用得到发挥，使体育课堂教学充满生机和活力。

二、教学目标重技能，轻素质

首先，专业体育院校是高校体育教师的理论和实践训练方法供给站。在进行体育教学时，体育教师基本上都是遵循体育学院模式进行教学，由此忽视高校体育教学本身的特点与要求，过分突出了追求专业的精神。

其次，体育教师只重视学生专业技能的提升，一直以来，都是用“注入式”的方式来教学，造成了“为技术而技术”的教学问题和现象。这种教学方法使体育课成为一种纯粹的技艺性练习课或表演课。教师在教学中将体育只是作为一种技能进行教学，忽视教学的示范性。这种方法又因为没有重视塑造学生的艺术素质和文化修养，压抑学生的创造精神和潜能开发，在不同程度上制约着学生主体意识的发展，导致学生消极应付，参与不足。

最后，传统体育教学强调以提高运动技能为主，对学生进行单纯的技巧训练，较少考虑理论知识的传授，不注重学生学习能力的发展。很多人评价体育教师的教学水平和学生学习成绩好坏的价值标准都是运动技能的强弱。因此，有相当多的人认为只要能完成规定的训练任务就是优秀学生和运动员，不注重对自身素质的培养。

受上述思想的严重误导，许多教师还花费大力气训练学生的运动技能，特别重视尖子生，让他们去参加各种各样的比赛，对多数普通学生视而不见，因此导致许多普通学生产生了巨大的心理负担，进而产生自卑感。

三、教学手段有待创新

首先，在新一轮课程改革的大潮中，体育教学风起云涌、蓬勃向上。体育新课程的改革突出了学生的个性发展，尊重了体育专业学生个体差异，兼顾了学生体育爱好，让体育教学立足于学生实际情况、体育研究更集中于学生差异问题，把因材施教作为教学目标。

其次，在很长时间内，对于地区差异、经济文化差异、学生个体能力差异等因素，传统体育教学都没有考虑到。教师过去刻板地按照国家体育教材授课，教学方法以教师“强制教”和学生“被动学”为主，忽略了体育学生主体性的发挥。教师对全体学生的体育课成绩进行的评价也一味地按照国家体育课考核标准，不知变通。随着社会发展及教育改革的深入，这种单一的教学模式已经不能适应当前形势发展的需要，必须改变以往那种“重技术轻理论”的做法，重视对学生综合素质的培养；必须改变“大一统”的教学方式，激发大部分学生对体育的热爱，解决学生不爱上体育课的问题。

传统的体育教学方法基本上是根据运动技能本身的结构特征来设计的，有些甚至就是直接从运动训练方法中借鉴过来的。因此，当教师在体育课中过多地运用这些教学方法时，体育课就表现出浓厚的训练性。又由于受体育课客观条件的限制，很多学生不能很好地掌握运动技能，导致学生学习兴趣不浓。这个问题产生的根源就是对旧教法的过多使用，安于现状、不求创新。另外，大学生群体具有很大的创造空间，激发他们的主体性，意味着在教学方法的认识上要有所突破，这也促进着体育教学方法的创新。

四、教材与课程设置不合理

教师想要有的放矢的安排和开展教育教学活动，合理设置课程体系与教学内容。单一模式导致大部分体育教师只注重传授知识、技能，忽略了对学生终身体育意识的培养。对当前高校体育教材教法课程设置与教学进行研究，发现不论在教材还是在教学方法上，均存在着明显的不适应现代教育的现象，没有跟上基础教育的改革进度。我国现行的学校体育课教学模式仍然采用以传授知识为主，忽视对学生综合素质的培养。在授课过程中，传统体育教学大多是教师讲、学生练。这样导致学生无法独立思考问题，与教师和其他同学的沟通不足，易让学生在学习中处于被动地位。这在某种程度上限制了学生的独立思维，剥夺了他们的创新能力，无法激发他们的学习兴趣。

（一）缺乏统一的教材体系

一直以来，国内很多高校的体育教学都处于无教科书状态，体育课基本处于随意性状态。由于缺乏新颖的教学模式和教法指导，不少体育教师不能很好地掌握运动技术和技能，难以发挥教师应有的主导作用，使得教学效果欠佳。这样不但给教师教学增加了难度，还对学生学习造成了严重的误导，极易使学生错误理解体育课的意义，认为体育课的目的仅仅是锻炼身体，而非一门正经的课程。

虽然近几年不少高校先后编写了一些教材，但从总体上看，尚存在一些待解决的问题。例如，大部分自编教材的理论部分内容不够全面，涉及的知识面太窄，特别是如何指导学生科学锻炼身体、使学生终身受益方面的知识太少，与教育部颁布的《全国普通高等学校体育课程教学指导纲要》所规定的内容、课时分配不一致，达不到其要求，编写目的也不够明确、系统，不具备具体的指导意义；体育实践部分没有结合现代大学生的特点及我国的实际情况；有些教材照搬体育院系的内容，有些则重复中学教材内容，部分教材知识陈旧，与社会体育脱节，实用价值不大，选修教材的占比太小。

（二）课程设置具有主观性，缺少实用性

首先，现代的多数体育课程通常由人才培养方案制定人员参考体育院校或者普通高校课程体系进行设置，确立课程结构仍止于课程理念，没有达到深度层面去整合课程教学内容，由此造成了课程设置的学科繁多、杂乱无章，造成了知识碎片化、课程间联系不紧密等问题，使得学生不能对所学内容有一个很好的把握。

其次，体育教学内容是以竞技为核心的，因而在教学实施中出现了“为了考试而努力”的问题。其标准是学生在一个学期内，运动技术与体能有无大幅度提高，以此来衡量体育教学效果是否显著。但是，这一评价标准没有建立在长远发展的基础上。大多数学校体育理论课考试前，教师都要讲几节理论课，上课的内容大部分与考试内容有关，这样使学生很难受到系统的专业理论的学习。在教学形式和手段上，大多数高校主要还是采用过去传统的教学形式和手段，比较枯燥、单调，且有较大的随意性。另外，全国大部分普通高校只开设两年体育课，体育教学年限太短，教学时数不够，想要在如此短时间内，完成学生体育教育的整体任务，养成学生终身锻炼身体的习惯、意识，很难达到。

五、体育教学资源条件落后

当前，大部分高等学校都扩大了招生人数，加大招生力度，但部分学校的资源条件还没有跟上发展的步伐，存在师资力量不足和体育场馆设施匮乏等问题。

（一）师资力量不足

在当前的多数高校教学中，资源条件十分有限。一个体育教师往往要负责好

几个班的体育课教学，而一个班的人数就多达60人，因此体育教师的日常教学工作是十分繁重的。在体育课堂上，教师往往只注重传授知识和技能而忽视了对学生个性发展的教育。基于这种情况，体育教师无法顾及每一个学生，也便无法实现个性化教学。随着新课程改革的深入发展和实施，传统教学模式已经不能适应当前社会发展的需要，因此，许多学校开始探索新的教学方式来提高课堂教学效率，突显快乐体育的内涵。例如，在整个体育课教学中，体育教师缩短了技术教学的时间和集中教导的次数，给学生更多的自由活动的空间；还有些体育教师甚至对学生进行“放羊式”教学。这样的安排虽然能使课堂氛围变得更活跃，但不利于提高教学质量和促进学生个性发展。对于态度散漫、个性突出的学生，有些体育教师反而不太管教，因为怕学生对自己的教学有意见，这样就导致一部分学生上课不认真听讲或课堂上走神，甚至有的干脆不做准备练习。这些问题的存在，均会对体育课技术教学效果产生影响。如果一个班级里没有一个好的技术骨干，那么就很难形成良好的班风和学风。很多教师疏于管教也是因为他们认为技术学习依赖于学生的自觉，学与不学是个人的选择，教师不应该管太多。在推行素质教育的今天，这种思想是错误的、偏颇的。

（二）体育场馆设施匮乏

我们要明白，体育设施在体育教学中处于硬件地位，它对体育教学有着不可忽视的影响。良好的教学设施对提高教学质量起着十分重要的作用。同时，体育设施的充实和完善是学校体育教学顺利进行的重要因素。目前，我国高校体育场地器材严重匮乏，尤其是一些经济条件不足的普通院校，短缺现象十分明显。高校扩大招生，导致各个院校场地器材不完善。在实际工作中，这些高校也存在着一些共性问题。例如，由于受经济条件的制约，很多地方的大学都没有足够的运动场地。一些学校由于场地有限，教学课时数也相应减少；有的直接把原来的小组听课变成大班课，难以均衡学生的练习密度与强度。另外，高校场馆商业化情况严重，大部分学校的室内场馆实行收费制度，且收费的金额偏高，这也导致学生课下的练习质量和水平很难得到提高。

在体育教学中，只要承认运动技能是体育教学的主干内容，以运动技能传授为主要特征的旧教法就有其存在的价值——传统的体育教学方法能帮助学生较好地把握运动技能所具有的作用与价值。教学方法本身没有好坏之分，关键在于教师的合理运用，针对不同层次的学生应选择不同的教学方法。但是，现实情况是很多体育教师都做不到。这就是传统体育教学方法存在许多不足和缺陷的根本原因。因此，体育教师不仅要大力倡导体育教学方法改革，还要认真研究并传承前辈遗留下来的教学经验。总之，对于传统体育教学方法，我们不应全盘否定。

第三节　现代体育教学方法

体育教学方法在体育教学中有着举足轻重的地位。体育教学方法在体育教学研究中处于中心环节，是评价体育教学效果的尺度。随着教育事业不断发展和教学改革不断深入，体育教学方法也越来越受到人们的关注。然而，从社会对体育教学方法的研究及取得的成果来看，由于教学的载体和基础是教学方法，加之在体育教学的过程中所涉及的内容非常多，所以当前我国体育教学方法研究与运用方面均有不足。特别是在当前新课程改革不断深入的背景下，许多体育教师开始重视体育教学的创新，并逐渐采用新的教学方法来提高体育教学效果，但效果却不明显。造成这一现象的原因有以下两点：第一，在进行体育教学时，体育教师对于体育教学中如何选择恰当的方法及对体育教学的真正意义缺乏深入理解，无法将理论与实践相结合，因此无法能够提高教学效果；第二，学生是体育教学的主体，每一位学生的特点和认知能力都有差异，教师不能结合学生的特点，对学生进行针对性教学。

一、现代体育教学方法概述

每一位体育教师在对学生开展体育教学之前，首先应当确定的内容就是体育教学方法，因为这是保证体育教学质量的关键因素。

（一）体育教学方法的相关概念

从整体上看，教学方法就是师生为达到共同教学目标而进行的教学措施。教学方法是教学过程中为了完成教学共同任务所采取的途径和方法的统称。它主要由教师教法与学生学法两部分组成，并且要把教授方法和学习方法统一起来。因此，需要教师根据教学的内容、学生的特点、学生的接受能力和学习方法等进行教学方法的选择。不难看出，教学方法本身就是一个内容复杂的概念，有着不同的层次。

体育教学方法中，也有很多类似的问题。就体育教师而言，如果对体育教学方法没有清晰的理解，往往会因为在其内涵和外延认识上的不同而在认识体育教学方法的过程中产生诸多问题，影响教师在教学过程中对教学方法的选择和使用。因为体育教学本身就是一种复杂的教学，对其实践性的要求较高，所以教学方法的概念对于教学理论中的各个概念而言，也是一个相对复杂的概念。从本质上看，体育教学方法反映的是体育教学现状，再加上体育这门课程本身就有很多教学方法，如体育锻炼法和运动训练法。体育教学方法不仅是一个复杂的概念，而且具有多层次性。研究者和专家认为，对这两个概念的理解出现多样化的主要原因是，每个人观察的角度不同，对教学方法的用途和在教学中发挥作用的认识也就不同。

（二）体育教学方法与教学行为之间的关系

教学行为是指教师在教学活动中的行动特征。教学方法是指教师在进行教学活动中运用的某种技术。例如，体能训练是一种体育教学行为，而“体能训练法”则是体育教学方法。

1. 教学方法和教学行为的区别与联系

为了帮助更多的体育教学工作者清楚地了解教学方法和教学行为的区别与联系，笔者总结多年的教学实践经验并分析相关资料，将两者之间的区别和联系介绍如下。

（1）合理性上的区别

教学方法是教师掌握的教学技能。一般来说，教学方法只要没有被不当使用，都是合理的、科学的，能够为教学带来一定成效。而教学行为有的是合理的，有的是不合理的，甚至有很多教学行为还是错误的，是不利于学生身心发展的。

（2）本质上的区别

教学方法是体育教师群体通过自己多年的教学实践总结出来的一种有规律可循的教学技术。教学行为是教师个体在教学中的一种偶然行为，具有随意性。

（3）两者之间的联系

教学行为是教师在教学课堂上所有动作和手段的集合，如某一学科的教师在教学过程中采用多媒体进行教学，然后又通过课堂提问的方式让学生自由阐述自己对某一教学内容的看法。在这个教学过程中，教师选用的每一种教学方法、每一个动作都属于教学行为。由此可见，教学方法的表现形式就是教学行为。

2. 对体育教学方法与体育教学行为区分不清的原因

无论是体育教师还是体育研究者，都存在对体育教学方法与体育教学行为两者之间的区别不是十分了解的情况。出现这种情况的原因有以下两点。

（1）体育教学活动的实践性较强

体育教学活动的实践性较强，因此方法和行为两者之间的区别并不像其他学科那么明显，二者之间的界限比较模糊。

（2）现实生活的干扰

随着我国经济水平的不断提高，人们对生活质量的要求也不断增加，体育锻炼成了人们日常生活的一部分，再加上体育教学方法与人们日常生活中的一些行为较为接近，甚至没有十分明显的差别，因此难以将两者区分。

（三）体育教学方法的层次

1. “教学方略”上的层次

“教学方略”上的层次是体育教学方法中的“上位”层次，也可以说是体育教学方法的指导思想，是指体育教师对学科专业和教学技能的理性思考、行动研究和实践反思。“教学方略”主要体现在对单元课程的设计上。例如，在体育教学过程中所采用的“发现式教学法”，实际上就是一种广义的体育教学方法的组合，是由提问法、组织讨论法、总结归纳法、实地测量法等多种教学手段组合而成的。

2. “教学方法”上的层次

“教学方法”属于体育教学方法“中位”层次，也可以称为“教学技术”，即狭义上的教学方法，指的是体育教师使用的某一种教学行为方式。该层次的教学方法主要体现在教学活动中的某一个教学步骤上或者某一种特定的教学活动中。例如，“单项训练法”就是为了实现某种教学目的而采用的一种具有针对性的教学方法。

3. “教学手段”上的层次

“教学手段”是体育教师为了达到某种教学目的而采取的教学行为，也称为

“体育教学活动中的教学工具”，属于传统意义上的教学方法的组成部分，是体育教师在确保教学行为的科学性和目的性的基础上所采用的一种较为有效的行为方式，主要是通过某种教学工具的使用来保证教学方法效果的实现。在教学活动中，这种教学手段主要体现在某一个具体的教学步骤或者教学环节上。例如，体育教师在进行教学的时候，采用理论联系实际的教学方法，亲自示范并让学生模仿和学习。“亲自示范”就是体育教学的手段。

二、现代体育教学方法的发展趋势和设计理念

我国体育教学起步较晚，教师对体育教学方法缺乏专业的研究和科学的总结。直到近代体育教育出现以后，体育教学方法才引起相关教育研究者的重视，有关体育教学方法设计理念和实施过程的研究才被提到教学研究的日程上。

（一）体育教学方法的发展现状

体育教学方法的主体是体育教学中涉及的一些技术层面和技巧方面的问题。随着科学技术的创新和教学观念的更新，体育教学方法也被逐步完善和优化。目前，体育教学方法的发展主要体现在以下四个方面。

1. 科学技术的不断进步促进了体育教学方法的发展

当前，随着计算机的应用和普及，一些体育动作的规范性不断加强，准确性也在不断提高，且教师进行体育技术指导更加不受时间和地点的限制，示范性动作的播放快慢也可以任意地调整。因此，体育教学的讲解、示范和展示都发生了质的变化，促进了教学方法的发展，体育教学方法也更加科学。

2. 体育教学内容的不断优化促进了体育教学方法的改进

如今，随着人们生活水平的逐渐提高，体育教学也日益受到重视，一些全新的体育教学内容被引入体育教学，相应的教学方法也得到了开发和应用。比如，野外生存训练课程的引进，使野外活动的组织和教学的方法得到开发。由此可知，不断更新体育教学内容，促进了体育教学方法的日益完善。

3. 体育教学理论的不断充实促进了体育教学方法的完善

体育教学理论是在近代体育教育中逐渐被确立起来的，是保证体育教学科学发展的基础，也是体育教学方法确立的依据。因此，体育教学理论的进展有利于

促进体育教学方法的改善。过去的体育教学理论存在一定的缺陷，最为显著的问题就是缺乏针对性分析，因此，在面对多个教学项目时，采取的是“以不变应万变”的措施。但是不同的体育运动项目有着不同的技术要领，随着人们对体育教学方法理论研究的不断深入，类似于“领会式教学”的方法就应运而生了。

4. 学生群体的不断变化促进了体育教学方法的改进

信息时代的到来，使学生群体的日常生活发生了显著的变化。例如，随着信息技术的发展，学生接受新知识和新事物的途径越来越广泛；随着电子产品的运用，学生的日常作息规律和生活习惯越来越不同；随着学生思维方式的成熟，他们认识事物和分析问题的能力越来越强。因此，在信息化时代下，学生的个性化发展越来越明显，传统的、单一的体育教学方法已经不能满足学生的成长需求，需要推陈出新，不断完善和改进体育教学方法。

（二）体育教学方法的发展趋势

虽然较其他学科而言，体育教学起步较晚、发展较慢，但是随着人们认知水平的不断提高，对体育教学的重视程度日益增强，迄今为止，体育已经发展成为一门较为成熟的学科。其教学方法也随着学科的发展而不断发展、完善，并逐渐呈现出了明显的发展趋势。具体来说，其发展趋势主要体现在以下三个方面。

1. 体育教学方法的现代化

随着科学技术的不断进步，体育教学方法也在不断完善和提高，其现代化特点也随着时代的发展表现得较为明显。体育教学方法的现代化主要体现在体育教学的设备上。为了更直观地向学生展示体育运动的魅力，体育教师会将录像带到体育课堂，借此拓宽学生的视野，增长其知识。随着计算机应用的普及，各种借助计算机完成的体育课件和体育活动，提升了学生对体育学习的感知力。

2. 体育教学方法的心理学化

心理专家表示，任何一种形式的学习都伴随着心理变化的过程，而体育知识和技能的学习和获得更是一个复杂的心理变化过程。因此，在体育教学过程中，对体育教学方法影响较大的学科是学习心理学和体育心理学。为了更好地开展体育教学与体育活动，体育心理学家和运动心理学家运用心理学的研究方法，对学生在运动、学习过程中的心理变化情况进行了探讨，并希望能够将研究得出的结果应用到体育教学方法的改革中。

3. 体育教学方法的个性化

在教学过程中，重视个性化是体育教学方法的一大进步。任何一种教学方法的实施对象都是学生，而由于学生成长环境、自身条件的不同，其接受能力和学习情况具有较大差异，加之不同学校的教学条件和教学进度存在较大差异。因此，体育教学有必要根据实际情况，针对学生的个性化和学校的差异性做出合理调整。现阶段，随着这一教学理念在体育教学中的不断扩散和应用，个性化、民主化的体育教学方法得到了进一步的发展。

（三）体育教学方法的设计理念

任何一种教学方法的设计都离不开特定的理论指导，做好体育教学方法的理念设计工作也是体育教学的目标之一。任何一种教学方法都有其使用的范围和环境。因此，在设计好体育教学方法之后，还要确定其实施的范围和对象，如此才能保证体育教学方法的实用性和科学性，进而提高体育教学的质量。

1. 以语言传递信息为设计理念

在任何一门学科的教学过程中都要使用语言，以语言传递信息为设计理念的体育教学方法，实际上就是教师运用口头语言向学生传授有关体育知识和技能的一种教学方法。由于语言是传递信息、人际交流的主要工具和途径，因此，语言是人们普遍使用的一种沟通方式，也是教师教授学生知识最重要的一种教学方法。

2. 以直接感知为设计理念

以直接感知为设计理念的体育教学方法是体育教学中普遍使用的教学方法，它通过教师对某种体育技能的演示和直观表达，使学生借助身体的感官获得体育教学相关的知识和技术。这种教学方法因为具有直观性，而且便于学生接受和掌握，所以在体育教学中颇受欢迎。

3. 以身体练习为主要设计理念

以身体练习为主要设计理念的体育教学方法，是指通过身体锻炼和练习以及技能的学习，使学生掌握和巩固某种运动技能的方法。体育教学的本质就是以学生的实践活动为主要特征的教学，因此，以“身体练习为主”的教学是开展体育教学的主要方法和形式，也是教师进行知识和技能传递的主要手段。

三、现代体育教学方法的影响因素

正确的体育教学方法不仅是确保体育教学有序开展的基础因素，更是提高体育教学效率和质量的关键因素，在整个教学过程中有着不可替代的作用。因此，教师需要做到精心设计、合理选用和科学实施体育教学方法。同时，体育教学方法并不是一成不变的，会受到很多因素的影响，进而不断变化。因此，研究体育教学方法的影响因素，能够为体育教学方法的设计、选用和实施提供更多的参考依据。

由于各个影响因素对体育教学方法的选择和实施都产生了一定的影响，因此，从某种程度上而言，它们影响着体育教学方法的发展。笔者根据多年来对体育教学方法的研究，将体育教学方法的影响因素总结为以下几点。

（一）教学目标与教学任务

在体育教学中，教学目标既是出发点，又起到关键作用；教学任务是教学目标得以达成的依据与保证；教学方法是教学任务得以实现的条件与中介。

一般来说，体育教学目标可分为认知、情感和技术动作这几个方面，每个方面的教学又可以根据对知识和技能要求的不同分为若干个层次，不同的层次需要学生掌握的内容、要求不尽相同，因此，所需要的教学方法也就有所不同。例如，如果某一教学目标强调的是培养学生对某项运动的理论的了解，那么，体育教师就可以选用讲解法进行教学；如果某一教学目标强调的是提高学生某项运动的技能，则要选择几种注重实际操作的教学方法。在实际中，由于受各种因素的影响，教学效果往往会不理想。因此，影响教学方法的另一个要素是教学目标。

总的来说，体育教师要对教学内容进行深入的研究和分析。以篮球教学为例，如果教师将某一课时的教学目标定为培养学生的运球能力，那么在本节课的教学过程中，教师就会根据篮球运球的特点、要求设计教学方法。另外，篮球运球技术的培养和获得并没有任何捷径，因此，教师应首先对运球的动作要领和要求进行讲解，然后通过几次示范，让学生能够简单地了解运球的技巧和要领，并通过反复练习和教师的不断纠正，提高学生篮球运球的能力，从而促进教学目标的达成。

（二）教学内容的特点

每一种教学内容都有其相适宜的教学方法，如果需要学生掌握的教学内容是一些纯理论性的知识，如体育教学的发展历史、体育教学的起源等，就可以选择讲解法进行教学，或者借助多媒体教具，通过图片或者动画的形式向学生展示体育相关的理论知识。如果所教学的内容是一些技术性较强的知识，那么就需要运用分解练习法进行教学，如篮球、足球、乒乓球等，而且由于此类运动具有群体性，所以就应该采取小组合作的方式进行教学。

综上所述，教师要认真研究教学内容，把握各个教学方法的适用范围和效果。

（三）学生的身心发展状况

教师在对学生进行增强体质训练的时候，由于接受教学的是全体学生，且任何个体的成长发育都具有阶段性，如果在进行训练的时候对各个阶段的学生所采用的均是同一种训练方法，那么就有可能导致有些阶段的学生无法完成。例如，抛铅球的练习，高年级的学生能够轻而易举地举起铅球，但是低年级的学生则有些困难；丢手绢、捉迷藏等一些简单的体育游戏，适于在低年级学生中进行，而身心发展相对成熟的高年级学生就不愿意参与。

（四）教师自身的素养

教师是体育教学中的主导者，承担着帮助学生培养身体素质和综合素质的使命，并有指导学生科学地学习体育教学中相关知识的责任。教师在教学过程中，除了要关注学生的实际情况，还要不断地提高自身的素养和专业水平，这样才能根据自身的优势，选择适合自己的教学方法，逐步提升自身的教学水平。这也是提高教学质量的关键。若某一教师缺乏实践教学的经验，并且在教学的组织上存在严重的不足，则无法保证课堂教学的效果，也无法正确地引导学生进行相关知识的学习，更无法保证教学方法的顺利实施。如果让一位从没有接触过篮球运动的教师，向学生传授一些篮球运动的相关知识和技能，那么无论是在教学方法的选择上还是在实施的过程中，该教师都会产生一种无从下手的感觉，甚至不能正确地选择体育教学方法，即使能够选择出适用于该运动的教学方法，也会因为自身经验的欠缺，导致教学的过程无法按照预期进行。例如，在进行游泳运动教学的时候，教师首先要对学生进行游泳要领的讲解，然后进行示范性教学。但是如果这位教师不会游泳，那么就无法保证这种教学方法的教学效果和质量。

（五）教学方法本身的特性

教学方法虽然是保证教学质量的关键，但是没有一种教学方法是万能的。每一种教学方法都有其相适应的人群与所适用的环境和条件。离开这种环境和条件，这种教学方法将无法充分发挥作用。简单来说，教学方法只在特定的环境和特定的内容中才表现出亲和性与功能性；而且不同的教学方法对教学设备、教学对象和学生的身心发展特点等也有不同的影响。教学方法本身就是一种多因素的有机组合，既存在促进的关系，也存在矛盾的关系。这些因素同时也决定了每一种教学方法都有其相适应的范围和条件。

通过上面的文字叙述，我们能清楚地了解到，教学方法本身所具有的特性，也是影响教学方法的因素之一。例如，在进行教学的过程中，采用因材施教的教学法进行教学，首先应该清楚学生的特点、教学内容的特点，这是此教学法的主要要求。由于这种教学方法较为耗费人力、物力，如果教学对象群体较为庞大，那么此种教学方法就不适用。

（六）教学环境的要求

教学环境是教学实施的基本条件，也是保证教学正常进行的前提。任何一种教学方法都是在教学环境下产生和实施的。因此，教学环境是教学方法产生的土壤，也是教学方法赖以生存的养料。教学环境包括教学硬件设备设施（教学器材和一些辅助仪器、教学所需的资料和书籍）、教学空间条件（教学场地、实践场地）和教学所需的时间。

通过上面的文字介绍可知，教学环境也是影响教学方法的因素之一。例如，对一个相对落后且没有足够教学场地的学校而言，在进行篮球、足球和乒乓球教学时，由于缺乏相关设备，教师就无法采取示范法进行教学。

（七）体育教学的指导思想

体育教学方法的核心在于体育教学的指导思想，有什么样的指导思想就会产生什么样的教学方法。体育教学方法的选择不仅取决于对教学理论的了解程度，而且还取决于已经形成的教学指导思想的时代性和科学性。

教学方法的选择并不是一个简单的过程，它涉及很多因素。在对学校教育和教学的研究中可以看到，使用教学方法的目的，就是借助这些方法实现教学目的。

例如，某一个基础设施条件特别落后的学校，没有专业的教学设备和设施，也没有足够宽敞的室外场地，那么该学校就无法开展足球、篮球等对教学场地和教学设备要求较为严格的体育运动。由此可见，体育教学是一种对实践性要求极为严格的教学，也是一种相对复杂的学科，所以在选择教学方法时，我们应该针对教学过程中涉及的各方面因素来选择合理的方法。

四、现代体育教学方法的选择

（一）选用教学方法的艺术

在体育教学实践过程中，有多种制约教学活动的因素。在不同的教学目标、内容、对象以及教学条件下，教学方法也起到了不同作用，在某种程度上，它决定着教学手段的多样性。因此，在教学过程中，教师应注重教学方法的科学性、艺术性和综合性的结合，形成良好的教学方法，并且要灵活地进行变通。实践表明，任何教学方法都有其优点和缺点。在选择教学方法时，并不是随意选择的，必须具有一定的科学依据。在教学过程中，教师应以教学规律为根据来选用合适的教学方法。教学方法与教学目标、教学内容、教学对象等方面均具有一定的联系，所以教师在选择教学方法时，应分析和掌握这些因素之间的内在的本质联系，从而确定科学的教学方法。在选择教学方法时，教师还应注重其艺术性。教学方法不仅要具有一定的科学性，还要保证在具体的教学实践过程中采用的教学方法具有灵活性、艺术性和创造性，避免其被机械、僵化地运用。在教学实践过程中，教学方法的选择具有综合性的特点。不同的教师会有不同的个性教法，只要其教学方法能够取得一定的教学效果，就值得使用和发展。需要注意的是，体育教学的内容处在不断发展和变化之中，教学对象也呈现具有变化性的特点，这就要求体育教学的方法也要不断进行发展和创新。因此，教师在选择相应的教学方法时，应用发展的眼光看问题，动态地去选择。下面将阐述选择体育教学方法的具体参考依据。

1．参考体育教学目标

体育教学目标的主要特征之一是多层次性。身体发展目标、技能发展目标、知识发展目标、社会发展目标和情感发展目标等是体育教学目标的不同层次。为了实现不同的教学目标，应采用不同的教学方法。在体育教学中，教学目标并不是孤立的，而是多种目标的综合。而每一单元、每一堂课的目标的侧重点是不同的。课时教学目标是体育教学总目标的具体化，这一目标具有很强的指导性。它既有相应的运动技能和运动理论方面的知识，也有心理和品质品格方面的内容。针对这些不同的教学目标，教师应选择与之相匹配的教学方法。

2. 参考体育教材内容

不同性质的体育教学内容，应采取相应的教学方法。当教学方法为实现一定的目标而运用在某一教材内容时，其教学效果会因方法的不同也会表现出一定的差异性。因此，在体育教学过程中，应注重教学方法的灵活性。

3. 参考学生的实际情况

在教学过程中，教学方法的实施对象是学生，采用多种教学方法的最终目的是促进学生更好地学习。因此，在选择相应的体育教学方法时，应与学生的特点及其实际情况相符合。学生的实际情况表现多方面的内容，包括学生的年龄特点、性别特征、身心发育状况及相应的知识储备和学习能力等。

学生处于不同的年龄阶段，其身心发展过程也都具有阶段性的特点。对于大学生而言，低年级学生和高年级学生的身心发展特点会表现出鲜明的差异性。另外，男女性别上的差异性也会导致其对于体育的态度有所不同。因此，教师应采取合适的方法，充分调动学生学习体育的积极性。

学生的经验和知识储备及其相应的学习能力也是教师选择不同的教学方法的重要依据。知识储备量较为丰富，已经掌握了基础的知识技能，并且学习能力较强的学生，在学习新的体育技能时能够更快、更好地掌握。此时，教师可采用合理的教学方法促进学生的技能水平向着更高的水平发展。

（二）选择体育教学方法需要注意的事项

1. 注意师生之间的协调配合

在体育教学过程中，教师和学生的默契配合是取得良好教学效果的重要保证。教学活动不存在没有“教”的“学”，也不存在没有“学”的“教”。因此，不管是何种教学方法，都应考虑到“如何教”和“如何学”这两个方面的问题。

在传统体育教学过程中，片面强调以教师为中心，教学方法也只是注重教师“如何教”的问题，而对于学生在教学过程中的作用则选择性地忽略了。例如，教师在动作示范时，只考虑动作的优美和协调性，而忽视了学生的感受，从而使学生的学习效果不佳，影响教学活动的开展。因此，体育教学方法的应用应考虑师生双方的合理配合，避免两者相脱节。这样，才能取得良好的教学效果。

2. 注意学生内部与外部活动的配合

学生的学习过程是内部活动和外部活动的综合体现，因此，在选择相应的教学方法时，应注重两者之间的配合。内部活动，即学生的心理活动及相应的生理反应等方面；外部活动则是其动作质量、情绪、注意力等方面。在选择相应的体育教学方法时，应注重这两者之间的配合。教师应善于分析学生的内外活动变化，把指导学生外部活动的方法与激发学生内部活动的方法有机结合，以促进学生积极主动地参与到体育学习中。

3. 注意不同学习阶段的前后配合

学生在学习过程中，在不同的学习阶段会表现出不同的特点。体育教学方法的应用应考虑到学生学习知识的不同阶段的前后配合。例如，在动作学习过程中，应注重由“模仿型”向“创造型”的过渡，并实现二者的有机结合。

学生的学习过程是由不了解到熟悉的过程。在学习的初始阶段，学生往往以模仿（模仿教师或他人）学习为主，之后，就会形成动作定式而完全摆脱模仿，从“模仿型”过渡到“创造型”。这两个阶段之间具有一定的联系，又相互区别。因此，教师在运用教学方法时，既要防止二者之间的互相代替，又要防止二者之间的割裂。

第三章　体育教学的课堂设计

本章主要介绍体育教学的课堂设计，主要从五个方面进行阐述，分别是体育教学设计的内涵与意义、体育教学设计的原则与依据、体育教学设计的特点与要求、体育教学设计的操作程序、体育教学设计的理论思考。

第一节　体育教学设计的内涵与意义

一、体育教学设计的内涵

（一）设计

“设计”一词的应用涉及很多领域，然而，每个人对“设计”的理解却是不同的。在建筑领域内有建筑设计，在服饰领域内有服装设计，在出版行业内有书籍设计，在教育领域内有教学设计等。对于很多领域来说，设计都是其工作的重要元素。“设计”这个术语的内涵，是出于解决某一问题的目的，在开发某些事物或者采取某种方案之前所进行的系统化计划过程。有学者认为：“设计是指在创造某种具有实际效用的新事物或者解决新问题之前所进行的探究式的系统计划过程。”[①]《现代汉语词典》对“设计”的含义进行这样的阐释：“在正式做某项工作之前，根据一定的目的要求，预先制定方法、图样等。”[②]有一些外国学者认为，所谓设计，就是出于创造具有实际效用的事物而进行的一种探究活动。设计跟其他各种形式的计划存在着明显的区别，这种区别在于整个过程中对科学性和精确性

① 孙可平．现代教学设计纲要[M]．西安：陕西人民教育出版社，1998.

② 中国社会科学院语言研究所词典编辑室．现代汉语词典：第7版[M]．北京：商务印书馆，2016.

的要求不同。一般来说，作为设计者，在系统地计划项目的过程中，一定要遵循精细化和科学化的原则。因为设计者清楚地知道，如果行动方案不够精细，甚至比较粗糙劣质，那么就有可能导致非常严重的后果，如造成人力和物力等各种资源的浪费。在一些特殊领域中，粗劣的行动方案还有可能危害到人的生命安全。如果几个建筑师设计同一个项目，尽管他们所掌握的各种资源和条件大致相同，但是他们所提出的结构方案可能存在很大的差别：有的方案可能显得比较死板，缺乏新意；而有的方案却能够体现出较强的创意性，极具突破性。在生活中我们可以发现，有的建筑能够体现出设计者丰富的想象力和极强的创造力，也往往给人留下深刻的印象。而那些设计方面比较普通、平庸的建筑，则很难吸引人们的眼球，也不容易在人们的脑海中留下印象。由此可见，建筑设计中想象力和创造性是十分重要的。同样，教学设计工作也是如此。体育教学设计理论会牵涉一些进行教学设计时需要操作的规则，但是在实际教学设计工作中，作为设计者，在使用这些规则的过程中必须对其进行想象和创造。只有这样，设计出来的教学方案才能与众不同，在教学实践过程中才能发挥出更好的效果。

总而言之，人类社会的各个行业和领域，几乎都离不开设计。在任何领域中，人们要想达到某一个目的，就必须认真设计相关的方案。另外，需要强调的一点是，所有有目的的活动，与人的思考、判断、决策和创新都是不可分割的。所以，我们可以认为设计的本质就是决策以及创新创造，而设计活动则具有多重性质，包括科学的、艺术的和技术的性质。

（二）教学设计

“设计”一词在建筑业、工业和军事等许多领域早已得到广泛应用。教育界按照系统论、控制论的基本思想将设计技术引入教学领域后，也引起了人们的极大兴趣和普遍关注。经过三十多年的探索，无论是在认识领域还是在实践领域，人们在教学设计方面都取得了卓越的成就。

国外有学者在充分考虑教育系统的特性后，认为教学设计是对学习需要和目标进行分析，从而形成民族学习需要的传送系统的全过程；但也有学者持不同看法，认为所谓教学设计，就是为了更方便地学习各种学科单元，而对学习情景的发展、评价和保持进行详细规划的一种科学。这两个关于教学设计的定义，都对其根本特性进行了阐释。但是，教学设计还存在其他重要的特性，同样需要引起我们的重视。设计是一个比较宽泛的概念，教学设计只是其中的一种类型，人们可以将其理解成一个将“教”与“学”的原理用于策划教学资源和教学活动的系统过程，也是一个将教学理论和设计思想等内容结合起来的综合系统。我国的一些学者认为，教学设计的最终目的是提升教学效果，它的理论基础包括学习理论、教学理论和传播理论，是一个运用系统方法分析教学问题、确定教学目标、解决教学问题、评价试行结果的过程。国内还有学者认为，教学设计就是为了达到某种教学目的，围绕教什么、怎么教等问题进行设计的过程。

国内和国外学者对教学设计发表了不同的看法，综合来看，教学设计可以被这样理解：教学设计是指在正式开展教学活动之前，教育者结合教学目标的要求，运用系统方法对教学活动中的各种要素进行分析和策划的过程。从一定意义上来说，教学设计这门学科具有方法论性质，其最主要的意图并不是给教师提供教学方案，而是帮助教师掌握设计教学方案的方法；从实质上来说，教学设计是为了解决某些教学问题而进行教学问题分析、教学目标确定、教学方案设计、教学方案评价和教学方案修改的系统过程。

（三）体育教学设计

跟其他学科相比，体育课程教学有着一定的特殊性。其他学科重视的是学生对文化知识或相关实践技术的掌握，而体育这门课程不同，它的主要目标是保证学生身心健康发展。在体育教学过程中，发展的不仅仅是学生的思维，还包括学生的身体素质。一直以来，我们都把教师看成是人类灵魂的工程师，而对体育与健康课程来说，体育教学的设计者就是工程师。在进行教学设计的过程中，他们要充分结合具有成功经验的体育教学原理，引导学生对自己的想法和行为做出正向的改变，从而使自己的教学设计产生较高的实用价值，同时能够赢得学生的喜爱，给学生带来良好的影响。实际上，很多体育教师为了提升教学效果，都会主动参与教学设计工作。但是，他们在教学设计的过程中，会被自身教学经验、知识水平、工作环境等因素限制，所以说，他们所进行的是一种经验式的体育教学设计。

从现代教育技术的层面来说，体育教学设计实际上是一个剖析体育教学问题、提出问题解决方案，并对所提出的方案进行测试和评价，从而达到优化体育教学效果这一目的的过程。在进行体育教学设计的过程中，对于那些能够对体育教学过程产生影响的各种要素，要进行科学的配置，尽可能地形成解决教学问题的最佳方法。所以说，要想优化体育教学的效果，就要做好体育教学设计，这也是提升体育教学质量的重要前提。

当前阶段，有很多学者从不同的视角出发，用不同的专业理念对体育教学设计的概念进行界定，主要有以下几种。

第一种：从本质上来说，体育教学设计就是在充分考虑体育教学特点的前提下，利用系统的方法，对教学实践活动开始前的各种准备工作以及对教学实践过程的实施进行系统的综合。

第二种：体育教学设计就是在充分考虑体育教学目的和体育教学条件的基础上，对体育教学的某个环节所展开的各方面的优化研究工作。

第三种：体育教学设计指充分结合体育学科的特点，着眼于体育教学系统的整体，对体育教学的各种相关因素进行综合考虑，包括从事体育教学工作的教师、学习体育的学生、体育场地和器材等，然后对体育教学过程中存在的问题和疏漏进行详细的分析，并据此提出合理的教学方案。另外，在体育教学实践过程中，对该行动方案做出全面的评价，并根据其存在的问题对其进行修正和优化，最终有效提升体育教学的效果。

以上论述的几种观点有差别也有共性，通过梳理其逻辑关系，可以这样理解体育教学设计：体育教学设计就是在充分考虑体育教学的基础理论和体育教学规律的基础上，结合不同阶段体育教学的目标，充分利用系统方法，对体育教学中存在的各种问题进行分析，最终确定体育教学的目标，并对实现目标的具体方案、试行方案、评价试行结果及修改方案进行系统化的研究工作。由此可见，体育教学设计兼具科学性和艺术性，并有着系统性和灵活性的特征。体育教学设计的目的并不是通过探索和研究去发现那些尚未发掘的体育教学规律，而是在原有体育教学理论和规律的基础之上，以一种新的、创造性的手段来解决体育教学中存在的各种问题，从而优化体育教学的效果。另外，可以从本质上来理解体育教学设计，即它实际上是一个分析体育教学问题，根据问题研究解决方案，并对方案进行预试、评价和修改的过程。其主要目的就是提升体育教学的质量，使体育教学实践活动取得最优结果。接下来，我们可以立足于体育教学设计的概念，对体育教学设计的本质进行多维度解析。

第一，体育教学是一个由多种要素构成的系统。这些要素包括从事体育教学工作的教师、参与体育活动的学生、体育教材和场地设施、体育教学目标等。这些要素各有特色，也存在着一定的联系，对于同一个教学目标，各自发挥着作用，形成一个有机的整体。而从本质上来说，体育教学设计就是充分利用系统的方法，对体育教学的各要素之间的联系进行分析，然后通过具体的方法，使各要素能够有机结合起来，最终使得体育教学系统的功能得以充分实现。

第二，结合体育教学的特征和目标，寻求解决体育教学各种问题的最优方法和经验，就是体育教学设计的最终目标。

第三，体育教学设计所产生的结果，实际上是一种教学计划或教学方案，它能够直接被应用到教学过程中，实现教学的预期目标。可以说，体育教学设计是实施体育课程的各类教学方案的详细说明。

第四，体育教学设计重视对体育学科中的基础知识、基本技能、经验和感受的整合，与此同时，也着重体现了设计者在实践活动中的创新和决策能力。由此可见，体育教学设计是一种兼具创造性、整合性和决策性的研究活动。

（四）体育教学设计与教案的关系

对于体育教学设计的具体作用，我们可以分别从宏观和微观两个角度来进行分析，从而对体育教学设计有一个全面的认识。从宏观的角度来说，体育教学设计能够解决体育教学过程中可能存在的目标分解、教学内容选择、教学单元设计等方面的关键性问题；从微观的角度来说，体育教学设计能够使一个单元或一节课的教学构思更加明确。要想真正发挥体育教学设计的作用，教师作为设计者，在进行教学设计的过程中，必须坚定“一切为了每一位学生的全面健康发展”这一理念，要全面考虑学生的身心发展特征，关心学生的实际学习需求。与此同时，作为设计者，要认识到体育教学设计实际上只是一个框架和思路，在体育教学实践过程中，并不是要一丝不苟地执行教学设计方案，而是要认识到体育教学是一个动态性的过程。因此，体育教学设计必须充分结合体育教学的现实情况不断进行完善，这样才能在体育教学实践中发挥更大的作用。

根据体育课程实施的要求，我们可以从以下三个方面对教学设计与教案之间的关系进行分析。

1. 体育教学设计的本质

从本质上来说，体育教学设计就是对体育课程教学进行整体性规划。体育教学设计要对体育教学内容、体育教学方法、学情分析、场地布局等一系列流程做出规划和部署，从而对“教什么”“为什么教”“如何教”这三大问题做出解释说明。而教案则不同，教案不解决“为什么教”这一问题。由此可以看出，体育教学设计就是对体育课堂教学进行全面、系统的规划。一份规范、全面的体育教学设计，必须对“教什么”“为什么教”“如何教”这三个问题进行说明，只有这样，才能在体育教学实践中充分发挥作用。

2. 教案的本质

从本质上来说，体育课教案就是以课时为单位进行设计的实际教学实施方案，是体育课开展教学活动的重要依据。一般情况下，体育课教案包含很多要素，如上课所使用的教材、上课所用的时间、课堂教学的目标、教学所采取的方法，有的还包括新兴教学技术的使用等。可以说，教案是体育教学设计的具体产物之一，是体育教学设计对体育教学的整个过程进行指导和优化的具体体现。

3. 体育教学设计中包含着教案

体育教学设计不等于教案，它包括两个部分。其一，体育教学设计所体现的是教学的整体规划，它强调的是体育教学的指导思想、教材分析、教学流程等方面。其二，体育教学设计有具体的规划，主要体现在教案上，有授课对象、教材、教师、时间，教学目标，课程结构与类型，各教学环节的教学内容或学习主题，每一环节师生活动的合理规划，授课时间、次数的合理分布，以及教学评价等。因此，教学设计中涵盖了教案的规划，教案是教学设计的成果之一，是指导教学实践过程中最具有操作性的部分。

二、体育教学设计的意义

在体育教学实践过程中，体育教学设计发挥着非常重要的作用。从体育教师的角度来说，科学、规范的体育教学设计，能够实现体育教学工作的科学化，进而能够优化体育教学的过程，让体育教学取得更好的效果。体育教学优化主要是针对两个环节来说的，一个是体育教学方案的优化设计，另一个是体育教学实践过程的优化。通过这两个优化过程，可以使学生在参与体育活动的过程中，得到体育知识的增长、身体素质的提升，同时，也能够使学生掌握更多的运动技术，充分发掘其自身潜能，实现全面发展。

站在体育教师的角度来看，体育教学设计给教师的教学工作提供了方向和方法，有助于教师实现从经验型向科学型的转变。更重要的是，科学规范的体育教学设计，能够使教师在教学实践过程中发现存在的问题和疏漏，并且能够及时找到解决问题的有效方法，使教学方案更具时效性和针对性，能够发挥更大的作用。科学的体育教学设计，能够促进体育教学理论和教学实践的有机结合，促进教师科学思维的形成，提升教师的专业能力。除此之外，体育教学设计要与时俱进，要考虑体育教学的实际背景，将现代教育技术作为其重要元素。真正优质的体育教学设计，主要有以下作用。

（一）有利于体育教学工作的科学化

对于从事教学工作的一线教师来说，写教案是工作的重要组成部分。而在传统的体育教学中，很多教师撰写教案往往存在两个重要问题：一是有的教师在撰写教案的过程中，以课堂、书本为中心，并且所体现出的教学理念十分陈旧，已经不能适应当前的体育教学环境；二是有的教师并没有掌握教学设计的方法，所以在撰写教案的过程中，显得过于随意、毫无章法，缺少规范性。所以，如果体育教师能够掌握教学设计的相关方法，那么就能够保证体育教学工作的科学性和规范性，进而促进体育教学质量的提升。

（二）有利于体育教学理论与体育教学实践的结合

一直以来，体育教学研究的重点都放在对体育教学理论的构建和完善上，在一定程度上忽视了体育教学实践，而理论若是脱离实践，就容易成为空谈，对提升体育教学质量并不能起到太大的作用。对于很多从事体育教学工作的一线教师来说，体育教学理论跟他们的实际工作有着较大的差距，他们很难找到二者之间的联系。所以，在体育教学实践中，他们只能茫然地探索和尝试，以致体育教学难以达到预期的效果。针对这一问题，体育教学设计的作用就体现了出来，它可以将体育教学理论和体育教学实践联系起来，给教师的教学工作带来启发。一方面，借助于体育教学设计，教师可以将已有的体育教学理论和体育教学的成功经验运用到体育教学的实际指导中；另一方面，教育研究人员可以将广大一线体育教师的教学经验进行汇总、筛选和整理，使其成为实用性较强的教学科学，借此促进体育教学理论的完善，加强体育教学理论和教学实践的紧密结合。

（三）有利于科学思维习惯和能力的培养

可以将体育教学设计看成系统地解决体育教学中各种问题的过程。体育教学设计所体现的分析和解决教学问题的各种理论和方法，在培养人们科学的行为习惯、提高人们分析和解决教学问题的能力方面有着重要的作用。

（四）有利于加速对青年教师的培养

体育教学是一门科学，也是一门艺术。当从艺术的层面来理解体育教学时，我们会感到十分抽象，因为体育教学艺术是很难通过教学来体现的，但是通过学习、思考和实践，确实可以掌握科学的教学理论和方法。体育教学设计的作用不仅体现在提升体育教学效果方面，还体现在优化师资队伍培养方面，可以说，体育教学设计给培养体育师资队伍指出了明确的方向和路径。通过加强体育教师教学设计能力的训练，可以帮助教师深刻理解体育教学的基本原理，使其掌握体育教学的基本方法，并且在实际教学活动中能够不断提升自己的能力，最终成为一名优秀的体育教师。

（五）有利于体育多媒体教材的开发和质量的提高

随着时代的发展，教育的重要性日益凸显，我国对教育的投入也越来越大。如今我们已经进入信息技术时代，在信息技术的推动下，现代教育技术不断完善，各种电教器材走进校园，在这样的趋势下，体育教学技术也不断发展。目前，很多学校在开展体育教学时，都应用体育多媒体教材。它最明显的特征就是将体育教学内容和教学方法融为一体。所以，在当前背景下，要鼓励一线体育教师认真学习体育教学设计的理论，掌握相关方法，进而帮助体育教师在教学实践中充分利用现代教学媒体，结合体育教学的实际情况来制作多媒体教材，从而使体育教学的质量得到有效提升。

（六）有利于完善教学过程，提高体育教学效率

我们之所以要进行教学设计，是为了设计出一种消耗低、效率高的教学过程，在教学活动开始前对其中可能会出现的问题进行分析，并制定好相应的解决方案，

从而保证教学活动顺利进行，提高教学的质量。要想做好体育课堂教学设计，教师需要从学习需求、学习内容、场地器材和学习者等多个方面进行考虑，在此前提下，阐明体育课程的教学目标，结合实际情况制定教学策略，对教学顺序和节奏做出合理规划。

第二节　体育教学设计的原则与依据

一、体育教学设计的原则

在进行体育教学设计的过程中，不仅要充分结合体育课程标准、实际学情、体育教材，还要充分考虑教学环境、教师的素质水平及教学理念等因素的影响，争取在体现出教师的主导作用的同时又能明确学生在体育活动中的主体地位。

在严格遵循体育新课程标准的基本理念的前提下，要想做好体育教学设计，必须遵守以下几个重要原则。

（一）学生中心原则

在教学设计过程中，要始终坚持“以学生发展为中心”的理念。在一些传统的教学观念中，往往把教师放在主体地位，一些教学活动都围绕教师进行，这在很大程度上忽略了学生的发展。所以在教学设计中，以学生为中心还是以教师为中心，会导致两种不同的结果。随着教学理念的发展，我们不难发现，只有尊重学生的主体地位，考虑学生的全面发展，才能有效提升教学效果。而以学生发展为中心的教学设计，需要从以下三个方面进行努力。

第一，在教学设计中，充分尊重学生的主体地位，注意发挥学生的主动性，让学生真正成为课堂的主人，从而能够体现出学生的首创精神。在教学设计及教学实践中，教师不能大包大揽，要多给学生提供表现的机会，让学生可以在不同的情境中，利用自己掌握的知识和技能去解决实际问题。

第二，在教学设计中，不能只向学生传授知识和技能，还要引导学生根据自身行动的反馈信息，更深层次地认识客观事物，并找到解决实际问题的方法。

第三，在具体的教学设计中，教师要对学生当前的知识水平和学习能力有一定的掌握，同时还要考虑学生在生理和心理方面的特点。教师要做到了解学生、尊重学生，构建和谐、民主的课堂氛围，将“忠于教材”和“忠于学生”结合起来，只有这样，才能够给学生的成长和发展提供更好的保障。

在教学设计中，要想更好地落实以学生为中心这一原则，首先，教师要做到“因人制宜”。在这里，因人制宜有两个方面的含义：一方面，不同的学校和不同的班级之间在各方面都存在着一定的差异，所以对于不同的学校和班级，教学设计的起点应该不同；另一方面，在教学设计之前，教师要做好学情的研究工作。有一定教学经验的教师都知道，要想了解学情，就要综合考虑学生的课堂表现、作业完成情况及考试成绩等。但事实上，很多教师对这项工作的投入并太多，仅仅是在较浅的层次上对学情进行分析，这十分不利于之后的教学设计工作的开展，所以要想了解真实的学情，教师必须对个案进行详细调查。其次，要注意“因材制宜”。对于不同内容的教材，学生的接受方式是不一样的。对于起始部分的学习内容，由于学生并没有掌握相关的基础知识，所以学习起来有一定的困难。出于这个考虑，这部分教学设计要注意给学生提供足够的直观背景材料，争取给学生一些启发，帮助学生攻破学习难关。而对于那些跟之前学过的知识有一定关联的内容，教师在进行教学设计时，要考虑学生的认知能力，可以设计自学或者探究式学习的方案，让学生的学习能力得到锻炼。

（二）群体发展原则

群体发展原则指在体育教学设计过程中，教师要关注学生之间在各方面存在的差异，了解他们的不同需求，保证每个学生在学习活动中都能受益，都能得到发展。在进行教学设计工作时，教师从教材选择、方法使用、组织形式等多个方面出发，对每个学生都予以足够的重视和关心。另外，在考虑大多数学生的同时，教师还要关注学生之间的差异性，考虑尖子生学习需求高的问题，并结合尖子生的实际水平和学习诉求，以更高的标准来要求他们。此外，在一个学习集体中，有尖子生存在，就必有后进生存在，他们对知识和技能的接受程度问题，也是需要教师重点考虑的。在教学设计中，教师可以根据后进生的实际水平和诉求，适当降低对他们的要求，减轻他们的心理负担，使他们在学习过程中也能得到快乐和成功的体验，这有助于建立他们的自信，帮助他们不断进步。由此可见，体育教学设计中的全体发展原则，就是要求教师根据学生的差异和特点，适当进行分层教学，从而保证不同层次的学生都能得到相应的锻炼和成长，使整体的学习效果得以提升。

（三）快乐体育原则

快乐体育原则就是指在进行体育教学设计的过程中，要注意激发学生的学习兴趣，树立学生终身体育的意识。一直以来，各学科教学都强调激发学生的兴趣，因为兴趣能够使学生产生学习的动力，并发挥学生的潜能。所以，在体育教学设计中，教师要充分结合学生的兴趣来选择教材、教学方法和组织形式。只有这样，才能使学生在学习和训练的过程中感受到运动的快乐，认识到体育锻炼的好处，从而逐渐形成终身体育的意识。经过多年的学习历程，大部分学生都有了较为成熟的学习观念，但是，学生的学习行为还是会被兴趣左右。就以体育课程来说，学生的运动兴趣决定着学生对体育运动的注意方向，进而左右着学生的体育学习行为取向，甚至成为学生参与体育活动的原动力。因此，在进行体育教学设计时，教师就要充分考虑学生的运动兴趣和实际需求，从学生的实际出发，对教学内容、所使用的教材、采取的教学和练习方法等要素进行精心的设计和安排，努力构建能够达成快乐体育目标的教学情境。

（四）健康第一原则

体育教学的主要目标就是促进学生身心健康发展。因此，教师在体育教学设计中，要遵循健康第一原则，具体来说，就是坚持健康第一的指导思想，保证学生健康成长。对于体育课程来说，健康第一这一原则包含两方面的内容，一个是身体健康，另一个是心理健康。要想通过体育教学保证学生身心健康发展，就必须重视体育教学的实效性和德育性。

所谓实效性，就是指体育教学的实施必须从实际出发，要充分考虑教学相关的各种现实问题。例如，是否有利于教学任务的完成，学生是否能够适应这种教学方式，实际操作是否可行等。要想保证体育教学的时效性，首先要保证体育教学与学生的认知水平、能力基础相适应，使学生能够轻松地掌握各种知识和技能，并且能够顺利地将所学内容应用于实践。

此外，要想发挥体育课程的心理健康教育功能，就要强调体育教学的德育性。德育性是指在体育教学中，充分考虑素质教育理念及学生心理健康教育的需要的教育。素质教育理念要求学生德、智、体、美、劳全面发展，其中最主要的就是德育。一般来说，德育就是指道德教育，道德教育涉及人道、品行和思想教育。在体育教学中合理地融入这些教育内容，才能让学生在潜移默化中形成人道思想，并端正品行、完善人格，最终成为一个对社会有益的人。

二、体育教学设计的依据

（一）体育教学理论

体育教学理论的研究范围包括体育教学基本原理（体育教学的地位和作用、体育教学任务和目标、体育教学过程的特点和规律、体育教学原则等）、体育教学系统（体育教学内容、体育教学物质条件、体育教学活动中的教师和学生等）和体育教学方法（体育教学方法和手段、体育教学组织形式、体育教学评价）等方面。体育教学设计的工作包含很多方面，有设计指导思想、教学目标和教学内容的确定，学生的分析，教学方法、教学程序和教学组织形式等教学策略的选择和制定，教学评价等。在进行这些工作时，都需要充分结合各种体育教学理念。因此，在体育教学设计中，要运用系统方法首先鉴别体育教学实践中存在的重要问题，然后根据问题的实际情况，选择合适的体育教学理论，据此来探讨解决问题的方针。由此可见，教学理论是体育教学设计的理论依据。

（二）系统科学原理

体育教学系统有一定的复杂性，因为它是由很多不同的教学要素构成的，各种体育教学要素之间往往有着十分密切的联系，也有着多种作用方式。而体育教学设计的最根本要求是利用系统方法，对教学系统各要素的作用和重要性进行分析，保证各要素实现最优化组合，从而有效提升体育课堂教学的质量。

（三）体育教学的实际需要

如何更好完成体育教学任务、实现体育教学目标是体育教学设计的最主要目的。因此，作为体育教师，在进行教学设计时，首先要对体育教学的任务和体育教学的目标有准确的认识，还要对教学目标进行合理的分解，将其转化成具体的教学要求，然后据此设计详细的体育教学方案。

第三节　体育教学设计的特点与要求

一、体育教学设计的特点

（一）超前性

体育教学设计是在进行体育教学之前对其所做的一种安排和策划。也就是说，体育教学设计在前，体育教学活动的实施过程在后。

（二）创造性

体育教学设计的过程应该是一个创造性解决教学问题的过程。体育教学的目标不是单一的，而是多元化的，体育教学的方法和手段也呈现多样化的特点。正因如此，体育教学过程有着一定复杂性和不确定性。体育教学设计的创造性要求教师必须具备较扎实的体育教学理论知识，懂得教学过程和教学规律，了解素质教育的实质和内涵，具有开拓和钻研精神，并且具有丰富的想象力、敏锐的观察力、深刻的分析力和超前的意识，才能设计出新颖、实效、独具特色的教学方案。

（三）系统性

体育教学设计是一个符合科学逻辑的、系统性的过程。在体育教学设计过程中，最重要的一个环节就是分析教学中存在的各种问题，然后在此基础上确立教学目标，再根据教学目标制定教学的各个流程，尽量使教学的目标、策略和评价得以一致。体育教学设计从体育教学的整体功能出发，在工作程序上，立足于体育教学系统的整体功能，对教师、学生、教材、评价等各种要素进行综合考虑，使各种要素相辅相成，产生整体效应，最终促进体育教学效果的优化。

（四）灵活性

体育教学设计是有一定模式的，需要按照既定的流程进行。但是，体育教学设计的实际过程并不一定完全按照流程中给出的线性程序展开。在很多时候，我们无法完成或者没有必要完成所有的工作步骤。例如，在体育教学设计中，分析学习需要是必不可少的一个环节。在中小学阶段的体育教学设计中，由于学生的情况并不复杂，体育课程内容也相对基础，所以教师可以对学习需要分析工作进行适当简化。总而言之，教师在进行体育教学设计工作时，不能因循守旧，不能局限在传统的模式和流程中，要根据不同的情况，灵活地选择立脚点，适当减免不必要的环节，提高体育教学设计的实效性。

（五）科学性

体育教学设计有着较强的科学性。体育活动跟人的身体结构、生理特征、心理特征存在着密切的联系，所以，体育教学设计必须将各种科学和理论考虑周全，如人体解剖学、人体生理学、运动生物化学、体育心理学、教育传播理论、教学媒体理论等。并且，在进行体育教学设计时，要充分考虑体育教学和体育学习的基本规律，从而构建科学合理的体育教学目标、内容、方法的策略体系。

（六）艺术性

当从更深的层次来分析体育教学设计，人们就能够发现其艺术性特征。一份科学、合理、优秀的教学设计方案，不仅有独特的创意、清晰的层次，而且还能够给人美的感受，能够发挥更全面的教学作用，这便是体育教学设计的艺术性体现。

二、体育教学设计的要求

（一）体育教学设计的基本要求

1. 要体现素质教育理念

（1）强调以学生为中心

随着时代的发展，素质教育理念的重要性日益凸显，而以学生为本，则是素质教育理念的重要内容。在教学设计中，明确以学生为中心这一理念，有着非常重要的意义。教师和学生是教学活动中的两个重要主体，他们扮演着不同的角色，承担着各自的使命，所以从教师的角度出发或者从学生的角度出发进行教学设计，将会得到两种完全不同的设计结果。在体育教学过程中，学生是课堂主体，体育教学设计要把学生放在首要位置，这就要求教师在进行教学设计时，要充分考虑学生的学习能力、学习过程和学习感受。学生是教学活动的主体，给学生打造良好的学习环境，提升学生的学习效果，就是教学设计的主要目标。所以，教学设计的内容、过程和步骤，都必须跟学生的实际需求相符合。在教学设计中，教师要注意借助有效的手段，激发学生的潜能，引导学生主动发现问题、探究问题，并能充分利用自己掌握的知识和技能来寻求问题的解决办法，充分发挥学生的主动性，提升其综合能力。

（2）坚持“以人为本、健康第一”的教育理念

在素质教育背景下，结合体育教学内容和教学目标的特点，教师可以确立“以人为本、健康第一”的教学理念，它能够给体育教学改革指明方向。体育教学设计不能脱离体育的本质，教师要积极探索健康教育之路，实现健康与体育教学的有机结合。教师在进行体育教学设计工作时，要立足于“以人为本、健康第一”的重要理念，在具体的规划中，要始终把学生当作教学的主体，充分考虑学生各方面的需求，加强对学生健康方法、健康锻炼能力的指导和培养，最终实现学生的全面发展。

（3）体现“终身体育”指导思想的要求

培养学生的终身体育意识，是当前体育教学的重要目标。而所谓终身体育，就是指学生通过接受体育教育，形成体育兴趣爱好，并掌握一定的体育锻炼知识和技能，进而在课程结束以及离开校园后，仍然能够主动参与体育活动，将体育锻炼当成生活的一部分。随着教育理念的发展，终身体育逐渐得到越来越多的重视，很多高校以培养学生的终身体育意识作为体育教学目标及体育教学的指导思想，最终实现了体育教学的科学化和社会化。实际上，从学生发展角度来考虑，体育教育的终极意义就是培养学生参与体育锻炼的习惯，保证学生身心健康发展。这也是终身体育的内涵。所以，教师在进行体育教学设计时，要将终身体育的理念深度融入其中，并根据终身体育的要求对体育教学过程进行规划，加强教学理念的更新，最终实现体育人才培养的可持续发展。

2．要体现全体学生的发展

（1）体育教学设计要面向全体学生

体育教学的目标是促进学生身心健康发展，这一目标面向的是全体学生，包括身体素质好的学生及身体素质差的学生。但是，在传统的体育教学中，有部分教师观念陈旧，他们把教育的重点放在了那些身体素质较好、体育方面表现较为突出的学生上；或者说，这部分教师把在运动会上获取好成绩作为体育教学的主要目标。因此，这些教师在进行教学设计时，仅围绕部分体育特长生的特点和需求，忽视了全体学生的普遍要求，导致很多学生达不到体育课程的基本要求，进而对体育运动失去兴趣，甚至对体育课堂产生畏惧和排斥心理。这对学生的身心成长是极为不利的。随着时代的发展，素质教育理念的不断深化，在此背景下，很多学校认识到旧有的体育教学观念和教学模式的不足，从而对人才培养模式加以大力改进。最明显的表现就是，很多学校已经把教学的重心从体育特长生上转移到全体学生上，致力于让每个学生通过接受体育教育，掌握更多的体育知识和技能，并养成一个健康的体魄。体育人才培养目标和模式的变化，使体育教学设计面临新的挑战。所以，作为体育教师，在教学设计工作中要更加认真谨慎、思虑周全，要从多个角度了解学生的实际情况，根据学生的不同特点和需求来设计差异性教学方案，尽可能使不同学生的体育学习需求得到满足，保证每个学生都能得到相应的锻炼和成长，使体育教学的价值最大化。

（2）体育教学设计要体现学生的全面发展

在传统的体育教学中，有些教师观念比较陈旧，不能敏锐地意识到教育形势的变化，缺乏创新创造的魄力，所以很长时间以来，他们一直用对体育知识和技能的传授以及学生考试达标情况来衡量体育教学的效果。这种衡量是失之偏颇的。而在现代教育理念下，体育教学必须做到传授学生基本的知识和技能，培养学生的实践能力，并促进学生人格健全发展。所以，在进行体育教学设计时，体育教师要立足于新的体育人才培养目标和培养模式，重视学生在知识、技术、能力和个性品质等方面的发展；特别是在设计体育教学目标时，要充分结合新课程标准所提出的要求，争取提升体育教学设计的科学性和合理性，最终实现学生的全面发展。

（3）体育教学设计要根据学生的特点来进行设计

在素质教育理念下，学生的重要性被反复强调，学生是学习的主体，体育教学设计的所有活动都必须围绕学生来展开。体育教学的目标是否达成，要从学生的体育学习情况和学习效果来得知。而体育教学内容的规划是否符合科学规律，是否合理，也要根据学生的学习效果来衡量。随着教育理念的更新和完善，现代体育学科发展也做出相应的改变，跟以往相比，它更看重学生的兴趣爱好，关注学生的差异性，强调充分结合学生的身心发展规律来进行体育教学设计。所以，要想制定一份科学、合理、优秀的体育教学设计，就必须对学生的身心发展、知识水平、体育能力、兴趣爱好等方面的情况进行分析，充分了解学生的实际诉求。

首先，不同阶段的学生身心发展有其独特的规律，在体育教学设计中，要根据这种规律来对体育教学的具体内容进行规划。其次，学生在以往的学习经历中，已经掌握了一定的体育知识和技能，这一因素对体育教学设计有一定的影响。因此，在体育教学设计中，教师要将学生当前的知识水平和体育能力作为重点考虑的因素，据此来确定体育教学目标和教学形式，只有这样，才能使学生的实际学习诉求得到满足。再次，兴趣会在很大程度上影响学生的学习行为，所以在体育教学设计中，教师必须把学生的兴趣爱好作为重点考虑的因素。如果体育教学设计不顾及学生的兴趣，那么在教学实践中，学生的情绪就很难被调动起来，会导致体育课堂上的学生参与度较低，进而降低教学效果。最后，体育教学设计不得不考虑的，但往往被人忽视的一个要素就是学生的体育学习准备，它是指学生在接受新的体育内容的教学时，其现有的体育知识、体育技能和身体素质对新的学习内容所表现出的适应性。具体来说，对体育教学设计产生影响的学习准备因素主要包括以下几个方面：①学生的性别，学生所处的年龄段，以及学生的身体素质情况；②学生在进行体育学习时所表现出的特点，如体育知识和技能的接受方式、接受能力等；③学生在以往的学习经历中，已掌握的体育知识，以及学生个人对体育学习的期望，还有学生的生活经验、社会背景等方面的特征。以上这些方面是我们进行体育教学设计时需要考虑的。①

3. 要适应体育课程教材内容的多样化

近年来，为了适应社会发展对人才培养提出的新要求，我国对课程管理制度

① 关北光，毛加宁．体育教学设计[M]．成都：西南交通大学出版社，2016．

方面进行了改进，目前实行的是国家课程、地方课程和校本课程三级课程管理制度，这一制度的推行有效增强了课程的多样化，提升了课程的适应性。与此同时，我国体育课程的教学内容也发生了很大的变化，呈现多样化特征，并且在相关学者和教师的努力下，体育教材也越加完善，体育教学的自主性大大加强。基于此，教师在进行体育教学设计工作时，要立足于新课程标准所提出的教学目标，据此加强对教材内容的筛选和整理，争取给学生提供结构合理、主次分明的课程内容，让学生的学习过程更加轻松。另外，教学组织形式和教学手段是体育教学设计必须呈现的内容，教师在进行相关工作时，要掌握体育教材内容的特点，结合学生的实际需求，来选择科学、合理、高效的教学形式和手段，争取将新课程标准所提出的各项要求都能深度贯彻落实，从而有效提升教学效果，更好地实现体育课程的育人价值。

4. 要运用多种教学组织形式和教学方法手段

随着时代的进步，体育学科也在不断发展，相关学者和教师致力于对体育教学的研究，使其呈现很多新的教学组织形式，以及多元化的教学方法，打开了体育教学的新篇章。在当前素质教育背景下，体育教学设计要根据体育课程的特点，尽可能呈现多样化的教学素质形式和教学方法手段，只有这样，才能更好地满足学生的发展需求。

5. 要强调情境对学习的重要作用

在建构主义的观点中，人们的学习行为跟社会文化背景及情境存在着十分紧密的联系。在传统的体育教学中，特别是在小学阶段的体育教学，一些教师并没有理解体育教学的真正目的，没有严格执行新课程标准所提出的要求，因此，没能给学生建构真实、生动的情境，导致学生不能对知识的意义建构产生准确的认识。大量的体育教学实践研究表明，加强对体育教学过程中的情景设置，有利于培养学生的兴趣、创造性、主动性和探索精神。[①]

6. 要强调协作学习对学习的作用

在建构主义的观点中，学生跟周围环境产生的交互作用，对学生理解学习内容将产生十分重要的影响。素质教育观念强调学生的独立性和主体性，所以在素质教育背景下，教师可以组织学生合作探究、学习，为学生组建学习群体，让学

① 舒盛芳，高学民．体育教学设计[M]. 上海：复旦大学出版社，2013.

生在协作的过程中，共同完成学习任务，加强对知识的理解和掌握；同时，让学生之间互相取长补短，有效培养学生的合作精神。

7. 要利用各种信息资源支持学生学习

素质教育提倡学生自主学习，但是学生所掌握的资源毕竟有限，所以要想保证学生顺利进行自主研究活动，教师就要给学生提供各种信息和资源。在这里需要强调的一点是，教师给学生拓展信息资源，并非为了给学生讲解某一问题或知识点，而是为了给学生自主学习提供有力支持，让学生在此过程中得到知识的增长、能力的提升。

（二）体育教学设计应注意的问题

体育教学最本质的目的就是培养学生健康的体魄，所以，体育课程的内容应以运动技术的学习为主。而体育教学其他方面的目标，如促进学生心理健康、提升学生社会适应能力等，都是随着上述目标的实现而实现的。所以，体育教学设计应该把重点放在运动技术的教学上。随着学生年龄的增长和身体素质的提升，体育教学的难度和深度也要相应提升，要更加注重运动技术的传授，关注学生运动技能的发展，否则，体育课就会显得十分肤浅，对学生的成长很难发挥太大的价值。

教学方法和手段是教学设计的重要元素。而对于体育学科来说，其教学方法要以传授技术方法和身体锻炼方法为主，这样才能满足学生的学习需求。在教育改革的浪潮下，体育教学方法也在不断改进，但是，当前对体育教学方法的探索和研究却存在一些问题。例如，一些体育教师对新兴教学方法不能合理利用，甚至有教师盲目否定传统教学方法，对那些经过千锤百炼、行之有效的教学方法弃之不用，一味地求新、求变，甚至脱离了体育教学的初衷。实际上，任何教学方法都是为学生服务的，所以体育教师在对教学方法进行创新和改进的过程中，必须注意以下问题：对现代体育教学方法的内涵有准确且理性的认识，特别是要理解它的目的；搞清现代体育教学方法以什么为教学对象这一关键问题；明确现代体育教学方法是以什么为适用教材；在使用现代体育教学方法时，要清楚地知道使用频率和使用限制，严格遵守使用原则。

体育是以身体运动为主的一门课程，一定负荷的体育锻炼是体育教学的必要内容。在体育课中，影响体育教学目标实现的主要因素有两个，分别是体育锻炼的密度和运动负荷。这也是学生学习运动技术和参与体育锻炼的两个重要变量。众所周知，不恰当的体育锻炼很可能会对学生的身体造成损伤，并且也不利于其身体素质的提升。所以，为了更好地满足学生的学习和成长需求，体育教师在对体育课负荷进行设计时要遵循以下原则：避免学生超负荷运动，保证学生运动安全的原则；促进学生对运动技术的学习和掌握的原则；促进学生身体素质不断提高的原则；有利于学生体验运动乐趣的原则；不过于影响下节课教学的原则。

借助有效的体育教学活动让学生感受到体育运动的乐趣，这也是体育教学一直以来所追求的教学效果。体育运动的乐趣，可以说是体育的魅力和灵魂所在。只有让学生感受到运动的乐趣，他们才能克服懒惰心理，积极主动地参与体育锻炼，积极学习体育技能，从而促进身体素质的提升。更重要的是，他们在体育运动中所获得的乐趣，有助于他们终身体育意识的形成。

有人通过对体育教学过程进行观察，得出运动技术教学与学生体验运动乐趣之间存在现实冲突这一结论。确实，让学生进行枯燥的体育运动技术的学习，很容易引发学生的厌烦心理。但教师必须知道，让学生感到厌烦的并非体育运动技能本身，而是不恰当的教学内容和教学方法。只要教学方法得当，教学内容安排合理，那么运动技术就可以成为学生体验运动乐趣的重要途径。因此，在体育教学设计中，教师要保证教学内容不仅具有技能性，还要有较强的趣味性。对于这样的内容，学生才能在掌握体育运动技能的同时，感受到体育运动的乐趣。

教学评价是教学设计的重要组成部分。对于体育学科来说，教学评价应该跟结果评价、过程评价结合起来。教师在进行体育教学设计工作时，要像以往一样重视终结性评价，同时还要适当强化过程性评价，着重凸显评价的激励和发展功能。

体育教学设计应避免“假”“空”“虚”。传统体育课的三段式教学过程有其自身的特点。体育课的主要任务是传授运动技术和锻炼身体。当前出现体育课分段越来越细的情况，这对于深化体育课教学改革和提高体育课教学质量起到了一定的作用。但也出现了少数体育教师“为细而细”的做法，追求设计形式的多变，而忽视体育教学的实质效果，导致整个体育课教学过程出现“假”“空”“虚”现象，这是教师需要注意的。如果分段太多，蜻蜓点水，实际上很难收获教学效果，甚至是走过场，这也是体育教学设计中需要避免的。

第四节 体育教学设计的操作程序

一、体育教学设计的分析阶段

一般来说，体育教学设计的分析包括以下三个方面。

第一，对体育教学的具体内容进行分析。

第二，了解学生当前的知识水平、体育技能水平，以及学生的学习动机和学习状态等。

第三，分析学生从起点状态过渡到终点状态应掌握的知识技能或应形成的态度与行为习惯。

二、体育教学设计的决策阶段

体育教学设计的决策包括以下内容。

第一，明确体育教学的目标，对体育教学的场地器材、体育教学的内容，以及体育教学所使用的方法和策略进行选择。

第二，选择为学生呈现体育教材的方式和方法，并给学生提供学习指导。

第三，思考用什么方法引起学生的反应并提供反馈，从而创造性地设计出行动方案，并对其可行性进行分析。

三、体育教学设计的评价阶段

体育设计的评价就是对体育教学的结果进行科学的测评，它会对其结果进行修订，保证其客观性和准确性。

体育教学设计操作程序具体如图 3−4−1 所示。

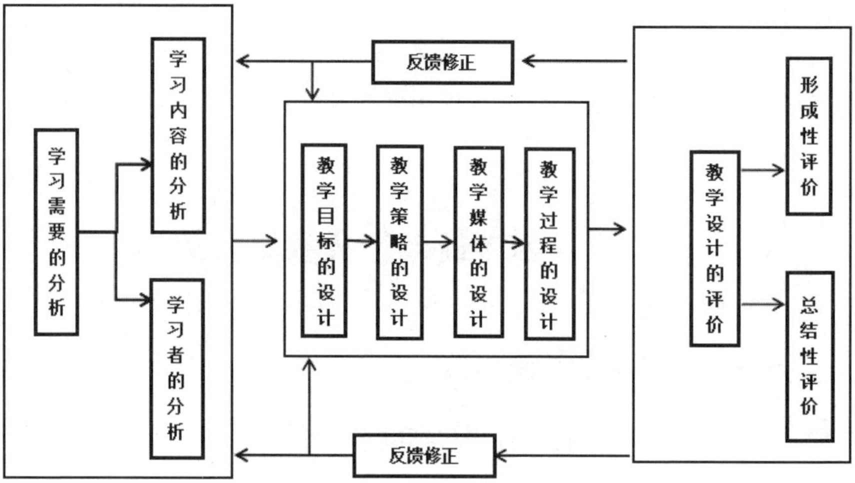

图 3-4-1　体育教学设计操作程序图

第五节　体育教学设计的理论思考

一、对教育观的思考

我们可以将教学设计理解为对教学活动结果的预期。教师都希望学生通过参与学习活动，在认知、情感等方面向自己预期的方向发展，这种对学习者发展变化的预期就是教学设计。教师对学生学习效果的预期，体现了教师的教学目标、教学思想，决定着教学设计的方向，同时在很大程度上影响着教师对教学模式和教学方法的选择，而且这种预期给教师检验教学效果提供了标准。教学设计是教师对整个教学过程做出的一系列规划，其中包含着教师的很多决策，最核心、最重要的一个决策就是确定以何种教学理念作为教学实践的依据。这一决策体现了教师对相关教学理念的认识，也在很大程度上反映了教师的教学实践能力。从宏观的层面来说，教学设计的决策过程，就是教师选择教学理论，以及选择教学理论中各种观点的过程。从教师最终确定的教学设计目标中，我们能够看出教师对各种教育观念所做出的取舍。例如，有的教师以知识标准来确定教学设计目标，这就体现出该教师秉持的是传统的“教”的本位思想；而有的教师则根据学生的不同情况，确定不同层次的教学目标，则该教师秉持的是“学”的本位思想，并且真正把提高学生能力作为教育教学的主要目标。随着社会的发展，教育观念也在不断发生变化，在这样的背景下，教师要想保证教学效果，需要注意以下几点：在确定教育目标时，要考虑到体育教学的社会职能、个体职能，教育目的要尽可能多元化、多层次化，这样才能满足不同学生的不同需求；宏观意义上的社会进步，实际上是依靠个体的发展实现的，所以，学校要想实现某一宏大的教学目标，落脚点必须放在学生身上；我国提出素质教育理念以来，学校教育越来越重视个体的发展需求，教师在确立教学设计目标时，要充分考虑学生实际的发展需要。

二、对知识观的思考

每个教师对教学意义的认识和理解是不一样的，所以在教学中的侧重点也是不同的，有的教师以传授知识和技能为主，有的教师则以发展学生的能力为主。而这两种选择，也体现了两类教师不同的教学观念。前一种选择体现的是传统教学观，而后一种选择体现的则是现代教学观。不同的教学观影响着教师对教学设计目标的选择，同时还影响着教师对教学内容和教学方法的取舍。

在时代发展的浪潮中，社会对人才培养提出了更高的要求，这促进了教育理念的发展和进步。在现代教育理念的背景下，发展学习者的能力得到越来越多的重视。在《从现在到2000年教育内容发展的全球展望》① 一书中，作者提出了教育目标的新的三级层次，反映了重视学习者行为与能力的培养的新趋势（如图3−5−1）。

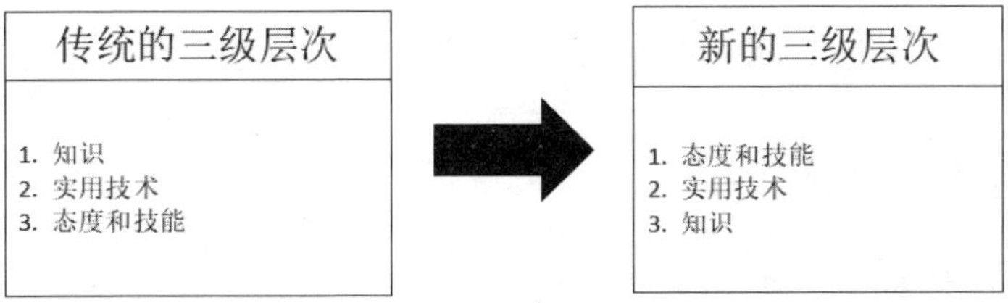

图 3-5-1　新教育目标的三级层次

① 拉塞克，维迪努．从现在到2000年教育内容发展的全球展望[M]．马胜利，高毅，丛莉，等，译．北京：教育科学出版社，1992.

此外，在20世纪90年代中期出版的联合国教科文组织总部的报告《教育：财富蕴藏其中》中提出了教育的四大支柱：学会认知、学会做事、学会共同生活、学会生存。其中，对“学会认知”的解释为，这种学习更多的是为了掌握认识的手段，而不是获得经过分类的系统化知识……为了解知识而学习，首先要求要学会运用注意力、记忆力和思维能力来学习。①这种变化趋势反映了社会对现代人更高的要求，为了满足人们发展的要求，教学中就必须重视对学习者能力的培养。

以上论述说明了一个重要道理，那就是教师对知识观的不同认识，直接影响其对教学设计的选择。约翰·罗伯特·安德森（John Robert Anderson）是享誉盛名的认知心理学家，同时他在学习理论研究方面也颇有建树。他根据人们获取知识的方式，将知识分为两类：一类是陈述性知识，另一类是程序性知识。梅耶（Meillet）在安德森理论的基础上，提出了广义的知识观。他将知识划分为三类，分别是语义知识、程序性知识、策略性知识。其中，语义知识的含义跟陈述性知识的含义大致相同，指的是个人关于世界的知识；而所谓程序性知识，是指在具体情境中所使用的某些技能或者步骤；策略性知识则是指学习者学习的方法，以及解决问题的策略。人们对知识观的认识是不断发展变化的，同样人们对技能、智力和学习的理解也处在不断变化的状态中。在大知识观中，知识所包含的，除了知识的储存和提取，还有应用过程。教师在教学设计中，对教学目标的确定在较大程度上受到教学观变化的影响：首先，教师要能够敏锐地认识到知识观的变化，并且积极接受新的观念；其次，对于新的观念对教学所产生的影响，教师要有充分的认识，并根据这种认识，对“掌握知识”的意义进行重新阐述；最后，教师要秉持现代知识观，优化教学设计，并划分教学设计的层次。

三、对学习者的思考

教学设计是对学习需要的“怎么学”和“怎么教”进行分析，其目的是提高学习效果，而学习效果是否提高归根结底要看学习者能否根据自己的特点来进行学习。因此，教学设计取得成功的重要前提，就是对学习需求进行分析。所谓学

① 联合国教科文组织．教育：财富蕴藏其中[M]．联合国教科文组织总部中文科译．北京：教育科学出版社，1996.

习需求分析，就是对学习者当前的知识水平、技能水平、学习状态以及所期望达成的学习效果进行分析。

在学习需求分析过程中，教师需要充分了解学习者的生理和心理状态，了解学习者当前的知识和能力水平，并且要对学习者期望通过学习所达到的状态进行分析。可以说，学习需求分析是对教学目标、学习内容、学习任务的范围等纵向及横向的关系进行详细剖析的过程，最终揭示学习内容的广度和深度，说明各知识点之间存在的本质联系。教学之间的联系有两种：一个是从属的知识关系，另一个是并列的知识关系。分析的内容为：首先，找出教学中将要学习的知识点；其次，鉴别知识点的类别；最后，分析学习任务，解决“怎么学”的问题。分析的步骤为：班级情况分析；学生年龄、心理自然情况分析；学生学习基础分析；学生差异分析，从而解决“怎么教”的问题。

需要指出的是，虽然教材编写者努力向学习者的认知特点靠拢，但由于学习者需要的不同和差异的复杂性，导致其很难取得一致。因此，教师在进行教学设计工作时，不能按部就班地按照知识排列的顺序进行，要依靠对教学对象的分析与教学内容的组织及选择达到目标的合适教学方法和媒体科学组合，才能使学习者达到预期的教学目标。因此，学习者的需要既是课堂教学设计的起点，又是课堂教学设计的归宿，切不可被忽视。

第四章　体育教学方法的创新

本章主要介绍体育教学方法的创新，主要从四个方面进行阐述，分别是体育教学中多媒体技术的应用、体育教学中微课的应用、体育教学中慕课的应用、体育教学中翻转课堂的应用。

第一节　体育教学中多媒体技术的应用

一、多媒体教学技术的特征

（一）多媒体教学技术的多维性特征

随着时代的发展，信息技术逐步完善，并逐渐渗透到人类生产生活的各个领域。多媒体技术在教育教学中的应用，就是信息技术渗透到各领域的重要体现。多媒体技术具有多维性特征，主要是指多媒体教学技术拥有对信息范围进行拓展与扩大空间的能力，而此种多维性质能够变换、加工、创作输入的信息，从而有效提升输出信息的表现能力。例如，在高校体育教学实践中，合理利用多媒体技术来辅助教学，一方面，能够加深学生对文本知识的理解和记忆；另一方面，多媒体技术使信息的呈现更加生动直观，有助于学生清楚地观察体育动作，从而有效提高学生的学习质量，优化学生的学习体验。

（二）多媒体教学技术的集成性特征

在教学中应用多媒体有一个非常明显的优势，那就是可以将不同类别的信息进行同步组合，如声音、文字、图像等，从而为学生呈现完整的信息。这体现的是多媒体技术的集成性特征。此外，多媒体处理信息所使用的工具和设备也具有集成性，包含视频设备、存储设备、音响设备等。总之，在教学实践中合理应用多媒体技术，可以使文字、声音、图片一体化。

（三）多媒体教学技术的交互性特征

多媒体教学技术的交互性特征主要指的是人和人之间、人和机器之间、机器和机器之间的交互活动，也就是人和机器进行对话的能力。这是多媒体计算机系统与传统的音箱、电视机等设备最大的区别。人们可以根据自己的实际需求，对多媒体系统进行选择、控制和检索，同时还可以参与播放多媒体信息与组织多媒体节目的行列中。

（四）多媒体教学技术的数字化特征

在数字化时代，多媒体教学技术也有着数字化特征。具体来说，就是指在多媒体计算机系统中，各种信息都是以数字的形式存储的，也是以数字的形式被处理的，而多媒体技术也是在数字化处理的前提下建立起来的。例如，以矢量方式储存与处理的图形、以点阵方式储存与处理的图像、以数字编码方式储存与处理的音频和视频等。在数字化技术发展的背景下，多媒体教学技术得到了广泛的传播与发展。

上述是多媒体教学技术的四种主要特征，除此之外，还有其他的一些特征存在，如实时性、分布性与综合性等。所谓的实时性特征，主要指的是对于同时间相关的处理，如声音与视频信号等的处理，还有人机的交互显示、操作与检索等操作都存在实时完成的要求。所谓多媒体教学技术的分布性特征，是指在多媒体数据多样性的前提下，在不同的时间和空间中，都有它的素材存在，并且它的应用也涉及很多不同的领域。所以，多媒体产品的开发，除了离不开计算机专业人才的参与，更加需要的是听、视专业的人才。而多媒体计算机系统的存在有比较明显的综合性，它不仅能够综合集成各种媒体设备，同时还能够综合提升各种信息，使它们成为整体，促进综合效应的产生，不再是“单兵作战”，而是文字、图片、声音与录像的有机组合。

二、多媒体在高校体育教学中的应用优势

（一）多媒体技术使高校体育教学观念得到了更新

传统的高校体育教学往往将教师作为教学活动的第一主体，教学策略都围绕教师进行，这在一定程度上忽视了学生的学习感受，影响了教学效果。高校体育教学对多媒体技术的应用，有助于体育教学改变传统的教学模式和教学理念。在当前高校体育教学中，很多教师都能够充分利用多媒体教学手段，促进学生之间的交流互动，有效激发学生参与体育活动的积极性和主动性。可见，在体育教学中合理利用多媒体技术，有助于确立学生的课堂主体地位，促进体育教学观念和教学方法的创新，给学生学习体育知识和技能提供新的方法与思路。

（二）多媒体技术使高校体育教学的质量得到提高

在体育课程的传统教学活动中，教师的教学方式是以讲授为主，以挂图等展示方式为辅。在实践课中则需要体育教师进行讲解与示范，在主观条件与客观条件的约束下，很难实现完全规范、标准的技术动作示范；在较短的时间内，学生正确的动作概念也很难形成；体育教师也很难及时反馈学生的体育学习状况，这样的高校体育教学效果可想而知。

多媒体技术在高校体育教学的实施使得上述的状况得到了改善。在文字与图片的辅助下，体育课程的抽象概念得以具体化、形象化，而通过计算机，就能够对难度较高的体育技术动作进行模拟演示。另外，高校体育教学涉及一些速度较快、结构比较复杂的技术动作，对于这些内容，教师很难给学生进行演示，导致学生的学习效果不甚理想。而运用多媒体技术，可以将这些动作以慢放的形式呈现出来，让学生能够对这些动作产生直观、清晰的印象，并能进行准确的模仿，从而对相关体育概念产生更深的认识，对相关动作要领产生更深的理解，有效提升教学效果，促进学生体育运动技能的进步。

（三）多媒体技术使学生的体育学习效果得到提高

多媒体技术能够将信息以多种形式呈现出来，从而刺激人的视觉、听觉等多种感官系统，使大脑的不同功能区域交替进行活动，这有助于个体对信息的理解

和掌握。而在体育教学领域内，多媒体技术的合理应用实现了学习内容的生动化呈现，给教学活动构建趣味化氛围，从而优化学生的学习体验，促进学生对体育技术动作的理解和掌握。多媒体技术对字体、色彩、图表、音乐、动画和闪烁等多种表现手段进行了综合利用，保证“声图并茂”“有声有色”，使高校体育教学内容的艺术表现力与强烈的感染力得到增强，使高校体育教学的课堂气氛得到活跃。特别是多媒体高校体育教学资料中对肢体和谐美、力量美与技艺美的体现，使高校学生对体育的功效与个性的社会价值产生真正的认识，并有效唤醒学生的求知欲，激发其学习热情，使体育课堂教学的质量得到提升。

三、多媒体计算机辅助教学在高校体育教学中的应用

（一）目前我国 CAI 的发展现状

当前背景下，CAI，即计算机辅助教学开始走进一个普遍应用多媒体进行教学的时代，也就是利用先进的网络技术、多媒体技术、计算机技术，让最好的教师面向广大学生的时代。在这样的形势下，保证 CAI 课件大数量、高质量的发展，对提高教学有效性具有十分重要的意义。

（二）多媒体 CAI 的发展趋势

1. 呈现网络化的发展方向

随着时代的发展，计算机技术、网络技术快速进步，给人们的生产生活带来了很大的变化。网络技术与多媒体技术存在着一种相互依存的关系，网络技术的发展需要依靠多媒体的支持，而多媒体技术需要在网络中得到应用，从而有效提升网络的表现力。在现代教育背景下，让最好的教师面向广大学生，是重要的教育理念和教育目标。而在网络中合理应用 CAI 课件，则有助于这一目标的实现，并且能够使多媒体 CAI 的群体教学模式得到有效落实。

2. 呈现智能化的发展方向

多媒体教学软件和智能教学辅助系统存在着一定的差别，但是从功能的角度来说，二者却有着互补的关系。如果能够将多媒体教学软件和智能教学辅助系统进行有机结合，那么就可以规避各自的短处，发挥各自的优势，从而顺利催生性能较高的新一代多媒体 CAI 系统。随着时代的发展，教学手段也在不断更新，为

了给学生呈现更好的课堂效果，就要实现多媒体 CAI 的智能性。要想实现这一目标，不仅要充分利用人工智能领域的知识和技术，还要充分考虑学生模型的构建问题。

3. 呈现虚拟现实的发展方向

随着信息技术的发展，虚拟现实技术，即 VR 技术应运而生，它实际上是将多媒体技术和仿真技术结合起来而形成的一种交互的人工世界创建技术，在这种人工交互的情境中，能够让人产生一种身临其境的感觉。一般来说，要想真正融入虚拟现实的环境中，需要佩戴特制的头盔和手套，这样能够让人得到听觉、视觉等多种感官的刺激。从这一点来看，在高校体育教学中合理应用 VR 技术，有着很好的发展前景，足以给体育教学打开新的篇章。

（三）同传统的高校体育教学方法相比，多媒体 CAI 具有的优势分析

在高校体育教学课堂教学活动开展的过程中，由于高校体育教学内容与高校体育教学任务方面存在着一定的需求，因此，多媒体 CAI 能够科学地、合理地对现代化教学媒体进行选择和应用。

多媒体 CAI 高校体育教学同传统的高校体育教学活动相比，存在以下优点。

1. 体育教师可以系统地指导学生体育学习活动

在现代化高校体育教学理论的指引下，体育教师安排、组合高校体育教学内容与高校体育教学程序，切实地使高校体育教学内容得到优化，保证高校体育教学过程的规范性与系统性。计算机是以数字的形式来存储信息的，所以有着很大的容量，它可以容纳丰富的与教学相关的信息，并且能够根据高校体育教学的实际需求，构建人机对话的情境，成为教师教学最得力的助手。

2. 可帮助学生尽快地建立动作概念

随着时代的发展，人才培养的目标越来越高。在这种形势下，教育教学的理念和方式必须不断改进和优化，这样才能获得更好的教学效果，从而实现人才培养的目标。在体育教学中，有效利用多媒体 CAI 对教学质量的提升将有极大的帮助。例如，在足球教学中，为了让学生在后期学习中有效掌握相关技能，教师必须讲解足球理论。针对“越位”这一概念，很多学生都能够对其含义进行大致的阐释，但在具体的实践中，却不能对其进行准确的把握。针对这一情况，教师可以充分利用多媒体技术的图画功能讲解这一概念，还可以利用多媒体给学生播放

一些声像资料，将足球比赛活动中的一些越位镜头进行集中展示，让学生从多个角度理解越位的含义，同时这种方式还能起到活跃课堂气氛的效果。

3. 学生可用其直接地开展自我学习、自我测验与自我评价

多媒体高校体育教学的使用方法应由体育教师向学生传授，保证学生的体育学习活动不仅能够在课堂上进行，还能够在课堂教学结束后开展，即复习或自学。

4. 向学生及时、准确地反馈其学习进程，提高体育学习效率

在传统的高校体育教学过程中，教师在对跳远动作进行教学的时候，会指出学生做出的不规范腾空动作或者是没有达到规定标准的动作，但是有时候学生可能并没有意识到错误的动作，因此教师和学生之间会出现沟通障碍。如果想要消除障碍，学生就需要在体育教师的悉心指导下，对某一种动作不断重复，对动作的要领不断体会。如果在学生需要改进某一个动作或者使自身运动成绩得到提高的时候，这种障碍就可能会导致学生处于较低的训练水平，成绩提高较慢。如果体育教师对学生每一次做的跳跃动作进行录制并加以慢动作处理，再组织学生进行观看，就能使学生及时发现存在的问题，并加以改正。

5. 提高学生的体育学习兴趣

在传统高校体育教学活动开展的过程中，鉴于单调的高校体育教学形式与落后的高校体育教学手段，想要调整学生由于学习过程反复、辛苦、无聊而产生的不能积极学习的心理状态，是很不容易的。而多媒体 CAI 具有形式多样的特征，这有助于激发学生的学习兴趣，调节学生的心理状态，唤起学生的求知欲，让学生积极主动地参与体育活动，并有效提高学习效率。

综上所述，多媒体 CAI 能够刺激学生的各种感官，对知识或信息进行最大限度的吸收。多媒体 CAI 在高校体育教学中的应用，能够提升教师对多媒体技术的应用能力，提升学生对多媒体教学环境的适应性，从而促进高校体育教学软件多媒体化的发展。这种发展趋势对体育教学来说是十分有益的，它能够满足学生不同的心理需求；而且，多媒体技术所具有的多样化信息优势，能够强化学生对知识和技能的理解与掌握。

（四）体育多媒体 CAI 课件设计

体育课件的结构主要包含两个部分，即原理教学模式与训练教学模式。对于体育多媒体 CAI 课件而言，总体的结构是由高校体育教学内容与高校体育教学目

标组成的，其主要目标是帮助学生深度掌握体育基础知识和基本技能，有效提升学生的身体素质，同时培养学生良好的思想品德，促进学生全面发展。

1. 体育多媒体CAI课件设计步骤

体育多媒体CAI的设计过程主要包含四个阶段，具体内容如下。

（1）第一阶段

在体育多媒体CAI课件进行设计的第一阶段，首先要确定题目，只有确定了题目，才能了解课件设计所依据的规范。

（2）第二阶段

在体育多媒体CAI课件设计的第二阶段，要对脚本进行撰写。撰写脚本的目的是安排高校体育教学的内容。脚本主要由具有丰富教学经验的高校体育教师或者作者负责撰写。

（3）第三阶段

在体育多媒体CAI课件设计的第三阶段。需要编制软件，在前两个阶段中还只是纸上谈兵，但是在这个阶段，就涉及多媒体CAI课件设计的具体实践。在这一阶段，最主要的工作有三项，①通过对多媒体编辑工具的利用，对多媒体数据进行准确分析；②通过多媒体的制作工具对多媒体课件进行制作；③对相关的程序进行编制。

（4）第四阶段

在体育多媒体CAI课件设计的第四阶段，需要测试、检验。当完成了体育多媒体CAI课件的开发、设计工作以后，就需要进行测试、检验。

2. 体育多媒体CAI课件的选题原则

有一点我们必须认同，那就是体育多媒体CAI课件在教学方面有着强大的优势，但是，它也存在一定的不足。因此，在体育教学中，我们不能过分依赖多媒体CAI课件，而是要将多媒体CAI课件跟其他教学媒体组合起来加以利用，起到扬长避短的效果，构成更加高效的教学系统。

我们要思考体育多媒体CAI课件设计的实际价值，也就是对这堂课是否有必要使用课件这一问题做出决策。我们知道，制作多媒体CAI课件是一个十分复杂、烦琐的过程，需要花费大量的精力，如果利用传统的教学方式就能够达到良好的教学效果，那就没有必要在制作多媒体CAI课件上多费心思。所以，通常很难使用语言对高校体育教学过程中的难点与重点进行清晰的表达的情况下，使用体育多媒体 CAI 课件是比较合适的。之所以这样，主要原因是对于体育多媒体 CAI 课件而言，其自身具备较为丰富的功能，能够将声音、视频、动画集中在一起，更贴切地模拟自然、表现自然，或者是在实验条件的支持下，通过局部放大、旋转或重复等多种方式进行展现，从而突破高校体育教学的重点和难点。

3. 体育多媒体 CAI 课件的设计原则

（1）结构化分析原则

在对体育多媒体 CAI 课件进行设计的过程中，教师应该遵循结构化分析原则。基于结构化分析原则下的体育多媒体 CAI 课件，将高校体育教学的内容层次清楚地表达出来，纲举目张，不管是从系统宏观来讲，还是对于局部细节而言，所做的认识都是非常详尽的，对于其框架的展开与学科内容的设计都能够起到一定的促进作用。

（2）模块化设计原则

模块化设计原则是指根据结构化分析的框架图指示，将相同或相近的部分设计成模块，使其相互独立，用模块图表示出单一功能模块的组成结构，由此确定课件系统及与之相应的功能结构，进而为结构化编程创造良好条件。大量的实践表明，体育多媒体 CAI 课件的模块化设计一方面减轻了复杂的内容编程负担，另一方面也使课件的风格更加统一，使课件制作实现了程序化。

（3）个别化教学原则

学生在身体素质、兴趣爱好、学习能力等方面都存在差异，所以，在选择和组织高校体育教学内容的过程中，要遵循个别化教学原则，也就是保证教学内容适用于某一层次的所有学生。另外，还要根据学生在能力方面的差异性，对高校体育教学程序和策略进行合理的设计。

（4）反馈和激励原则

对于每一个学生做出的反应，体育多媒体 CAI 课件都应该将与之相对应的信息不论时间、不论地方地反馈出来。在体育多媒体 CAI 课件中，要保证友好的交互界面，充分调动学生学习体育的积极性，使学生在学习活动的整个过程中一直保持良好的学习状态；同时，还要根据学生的学习动态，及时强化教学效果，最大限度地发挥正向激励的作用。

（5）贯彻教学设计原则

对于体育多媒体 CAI 课件的设计而言，其理论与方法在将体育课堂教学的呈现包含在内的同时，也包含自身设计的方法与原则。在对高校体育教学的结构与内容进行设计的过程中，教师不能单纯地依靠传统的方法与经验设计高校体育教学结构与内容，而要适当地使用系统的技术和方法，设计与分析高校体育教学目标，开展高校体育教学工作。

4. 设计体育多媒体 CAI 课件的具体方法

体育教师在着手设计多媒体 CAI 课件之前，要明确课件设计工作的重要意义。现阶段，有一些体育教师没有把握体育多媒体课件的精髓，只是一味地追求最新的科学技术，一不小心就改变了体育多媒体课件的性质，使之成为多媒体成果展示，这是不正确的。之所以出现这样的结果，主要是因为教师没有对高校体育教学中体育多媒体课件起到的作用加以明确。需要注意的是，在高校体育教学过程中，体育多媒体课件发挥的作用不是主要的，而是辅助性的，教师仍然发挥着主导作用。只有将体育多媒体 CAI 课件的设计工作做好，才能够制作出更多优秀的课件。所以，在设计体育多媒体 CAI 课件的过程中，可以从以下几个方面进行考虑。

（1）从体育多媒体 CAI 课件的可教性考虑

之所以要制作体育多媒体 CAI 课件，是为了优化体育课堂教学的结构，这对体育课堂教学质量和教学效率的提升来说有着非常重要的意义。因此，在体育教学中，教师在设计多媒体 CAI 课件之前，应该对其存在的教学价值进行充分的分析。也就是说，教师结合这节课教学内容和教学目标的特点，确定这节课有无必要使用多媒体 CAI 课件。一般来说，能够借助传统教学方式来达成预期教学效果的，就没有必要大费周章地去制作多媒体 CAI 课件，造成人力、物力的浪费。所以，在制作多媒体 CAI 课件之前，可以尽可能地对那些不存在演示实验，或者是演示实验不容易做的高校体育教学内容进行选择、应用。

（2）从体育多媒体 CAI 课件的易用性考虑

体育多媒体 CAI 课件应该能够清楚地表达高校体育教学的目标、高校体育教学的步骤与高校体育教学的具体操作方法。同时，有一点需要注意的是，即使在同本机脱离的情况下，在其他的计算机环境中，体育多媒体 CAI 课件也应能正常运行。因此，需要注意以下几个方面的具体内容。

第一，体育多媒体 CAI 课件应该便于安装，且能够随意拷贝到其他硬盘上使用。首先，体育多媒体 CAI 课件应该能被快速启动，避免体育教师和学生的焦急等待；其次，体育多媒体 CAI 课件应该尽可能占据较小的计算机内存，并在网络安全环境下运行。同时，教师要改正体育多媒体 CAI 课件占计算机内存越大越好的错误观念。

第二，体育多媒体 CAI 课件应该具备友好的操作界面。对于体育多媒体 CAI 课件而言，其操作界面应该包含一些具有明确意义的按钮和图片，同时还能够通过鼠标进行操作，以避免一些特殊的情况，如键盘操作过于复杂等。此外，应该合理设置体育多媒体 CAI 课件各个内容部分间的转移，保证方便操作跳跃、向前与向后等步骤。

第三，体育多媒体 CAI 课件的运行要保证一定的稳定性。对于体育多媒体 CAI 课件而言，其运行过程中应该是稳定的，如果体育教师在执行体育多媒体 CAI 课件时操作错误，那么就十分容易出现退出的情况，也会出现计算机重新启动的问题。因此，在体育多媒体 CAI 课件具体的操作过程中，体育教师应该尽可能地使死机的情况减少，甚至不出现，保证体育多媒体 CAI 课件运行过程的稳定性。

第四，体育多媒体 CAI 课件要保证即时进行交互应答。在体育多媒体 CAI 课件运行过程中，应该保证即时地进行交互应答，而不能将其等同于电影。同时，体育教师应该高度重视学生的学习，保证学生有一个循序渐进的学习过程，给学生提供更广阔的独立思考的空间。

（3）从体育多媒体 CAI 课件的艺术性考虑

对于一个体育多媒体 CAI 课件而言，它的演示在保证良好高校体育教学效果的同时，还应该是令人愉悦的，只有这样才能够将美的享受传达给体育教师与学生。如果上述的两项因素都能够保证，就表示这样的体育多媒体 CAI 课件存在着较强的艺术性特征，完美地融合了优秀的内容和优美的形式。但想要实现这两个目标一点也不容易。想要实现这些内容，体育教师就要有一定的美术素养和一定水平的审美情趣。

体育多媒体 CAI 课件的艺术性特征主要的表现是：具有柔和色彩的操作界面，科学合理的搭配，画面应该同学生的视觉与心理产生共鸣；为了能够保证呈现更加逼真的图像，可以考虑使用3D技术；对于画面的流畅性要做出保证，避免出现停顿、跳跃的现象；需要注意的是，体育多媒体CAI课件画面中最多只能存在两个运动对象。此外，不仅要存在优美的音色，还必须通过合适的配音进行辅助。

5. 体育多媒体CAI课件创作工具的选择

如果能够恰当地选择体育多媒体课件的创作工具，那么就能够使体育多媒体CAI课件的具体实施产生更加理想的效果。下面将主要从几个方面对体育多媒体CAI课件创造工具和开发工具进行简单的比较。

（1）选择体育多媒体创作工具的基本原则

在体育多媒体CAI课件设计的过程中，教师所选的创作多媒体工具，其主要用途是协助用户编排、制作各种各样的课件。多媒体的创作工具在向用户提供的过程中，通常是交互的设计环境与易懂、通俗的高级编程语言，如此一来，就能够为用户编制各种内容提供便利。如果在体育多媒体CAI课件设计过程中，恰当地选择多媒体创作工具，那么就能够保证体育多媒体CAI课件的效用得到最大限度的发挥。

①高效原则。在体育多媒体CAI课件创作的过程中，将会用到多媒体的开发、创作工具。多媒体开发、创作工具的特点主要有：容易实现，具有丰富多样的效果、较高的媒体集成度，看到的就是得到的。其在体育多媒体CAI课件的备课问题与课件开发的开展方面，具有十分明显的效率优势，这一点是传统语言系统做不到的。

②易用原则。要想使体育多媒体课件在课堂上发挥出更大的作用，最基本的条件就是教师能够对多媒体课件运用自如。所以，简单易用是体育多媒体课件的重要原则。即便有些体育教师对于程序设计一窍不通，甚至对计算机的操作也了解甚少，也能轻松掌握体育多媒体课件的使用方法。

③开放原则。在体育教学开展的过程中，可以使用的素材是多样的。因此，体育多媒体课件必须拥有一个几乎所有多媒体格式都能兼容的开发平台。该平台在提供或者应用各种各样体育教学素材的同时，还能够支持各种各样输入设备的格式。此外，还应该保证存在的所有素材都能够得到充分利用，不管是在哪一台计算机中都能够适用。

④价廉原则。体育多媒体课件创作工具选择的价廉原则，是一种共同要求，在任何领域中都适用。当然质优是必要的前提。

（2）体育多媒体课件创作工具简介

由于教师需要借助多媒体创作工具来制作体育多媒体课件，为了保证课件的效果，教师就需要对多媒体创作工具所具备的功能有一定的了解。体育多媒体课件创作工具所具备的功能有很多，例如为体育多媒体的编程营造良好氛围；多媒体数据管理功能；超文本功能；超媒体功能；对于体育多媒体数据的输入和输出都能够有效地支持；连接各种各样应用的功能；友好的用户界面；制作、编排动作的功能。

在体育多媒体教学课件创作的过程中，如果体育多媒体的创作工具存在于不同的界面中，那么就会存在不同的创作特点与创作风格。同时，每一种创作工具都会存在各自的优点与缺点。但是，如何对这些界面不同的创作工具进行选择，主要依据是个人的偏爱与需要完成的创作任务。例如，如果仅是制作学术会议的报告与研究生答辩内容，那么就不需要通过更加复杂的编程软件来完成制作，只需要选择、使用幻灯片创作工具就可以了。但是，有一点需要说明的是，如果想要制作某一个领域中的教育教学软件，以便更好地辅助个别化教育训练的开展，或者是在实际操作的练习中使用，那么就应该选择具有较强交互性的多媒体创作工具。对于几种比较常见的多媒体创作工具，笔者进行了如下的分析。

①幻灯式多媒体创作工具。幻灯式多媒体创作工具，就是指一种以线性为主的多媒体创作工具。在具体的应用中，这种工具通过对一系列幻灯片的排列来呈现过程，也就是按照顺序分离并展示屏幕。这里所说的幻灯片，可以是简单的文字、图像幻灯片，也可以是由声音、图像、文字、视频等多种要素组成的复杂课件。但有一点需要特别注意的是，这种体育多媒体课件创作的幻灯式多媒体创作工具，在开始使用之前必须具备一个预先设置完整的展示程序。

对于体育多媒体课件创作的幻灯式多媒体创作工具而言，其某一些特殊存在能够提供一定程度的交互，再按照一定顺序排列体育多媒体教学课件界面中存在的键盘操作、鼠标操作与按钮操作，在对体育运动技术动作进行设计的时候，必须借助动作按钮的功能完成超级链接。此外，也可以打开一些外部的程序。幻灯式多媒体创作工具中比较典型的是 PowerPoint，即 PPT，其显著特点是简单、易学、易用，能够将一个创作通过完整软件环境展示出来。其不仅包含集成工具、格式化流程、绘画，还包含了其他多种选项。此外，其包含的许多模板，教师可以直接进行调用。但是，此多媒体创作工具也是存在缺点的，即只存在简单的交互，甚至是缺乏交互，并且存在的交互只是在幻灯的线性序列的点之间进行跳转。在学术报告、汇报与演示过程中，此种幻灯式多媒体创作工具的使用较多。

②书页式多媒体创作工具。书页式多媒体创作工具的主要特点是，将相关的高校体育教学内容制作成一本书的形式，当然也存在“页”，这些页像书稿一样，也有一定的顺序。而上述的这一特征同体育多媒体课件创作的幻灯式多媒体创作工具是比较相似的。但是，两者之间也存在一定的差别，即前者在页与页之间能够有效支持更多的交互形式，给人一种身临其境，能够浏览真实书稿的感觉。书页式多媒体创作工具的典型是 ToolBook。此软件能够想象应用程序，使之成为具有很多页的书籍，在它自己的窗口展示每一页的内容，里面有大量的交互信息与媒体对象。可以说，书页式多媒体创作工具与幻灯式多媒体创作工具相比，在结构方面，显示出更加丰富的特点。对于 ToolBook 来讲，在一个独立存在的窗口上，每一次只能显示出一个内容。因此，应用程序中的实现智能只能利用页面的不同才能够完成。此外，它还能够在打开某一本书某一页内容的同时打开其他书籍，所以可以充分考虑更加复杂化的层次结构的建立，也就是所谓的书架式应用程序。此种书架式的应用程序的原理在书架，即将多种多样的事物当作一本书进行放置。

ToolBook 是比较典型的创作工具，是由美国一家公司负责开发的。ToolBook 是面向对象开发的一个水平较高的软件，它能够提供一种面向对象的程序设计语言 penscript，使两种相关的信息可以通过这种语言在机器中实现连接，从而对于各种任务的完成起到一定的促进作用；它可以用于制作动画声音、计算数字、播放图像等。此种体育多媒体课件创作工具的特点一般会在其应用程序的组织方面体现出来，且具有较强的超级链接与超级文本能力。对于 ToolBook 而言，如果按照使用的角度对其进行划分，可以分成两个主要层次，分别为 ToolBook 的作者层次与读者层次。从读者层次上而言，用户能够在执行对书的各种操作的同时，阅览它的内容；从作者层次上来讲，设计者能够使用命令实现对新书的编写，在修改对象或者程序中各个页次、对象等的时候，可以利用调色板与工具箱。

③时基模式创作工具。这里所说的时基模式创作工具是一种常见的多媒体编辑系统，主要以时间为基础。通过此种编辑创作工具制作出的内容近似于卡通片或者电影。时基模式创作工具通常是利用看得见的时间轴来确定显示对象上演的时间段与事件的顺序。在这样时间关系存在的情况下，它的出现形式可以是许多频道、多种对象。这样的系统中通常会有一个控制面板的存在，主要是为了对播放进行控制，就像是常见的录音机与录像机，包含演出、快进、倒带、停止等按钮。

④网络模式创作工具。对于网络模式创作工具而言，它允许程序组成一个自由形式的结构，即从任何一个地方到另外一个地方。同时，它有着不固定的结构与呈现顺序。在利用网络模式创作工具进行创作的过程中，仍旧需要作者建立自己的结构。也就是说，作者需要尽可能多地完成工作。但是，在所有模式的多媒体创作工具中，此种创作工具是一个存在多种层次的、比较适宜建立的应用。比较典型的软件是 Media Script，能够从应用程序空间的任何一个对象随意地跳转向其他对象，访问是完全随机的。网络式的实现可以对任何一种程序语言进行利用，然而，它存在较高的计算机技术方面的要求，首先需要作者至少是一名程序员。

⑤传统程序语言为基础的多媒体创作工具。程序员在编程方面比较擅长，通常很难接受多媒体编辑创作系统的限制及依赖工具箱产生对象的方式，所以，想要他们对多媒体创作系统进行应用，完全丢弃他们所熟悉的语言创作工具，是非常困难的，几乎不可能实现。在这样的情况下，不仅要适当地保留传统语言的特征，还要对设计程序过程中所涉及的环境进行改进，使之向可视化操作的系统转变。如果这样的话，就应在程序编写的过程中，程序员在充分利用传统语言的同时，还能够应用多媒体开发工具箱，直接使用工具箱内的这些编码，使之变成能够得到重用的编码。可以预见，此种多媒体创作工具的应用前景是相当广泛的。

四、基于 Web 的体育多媒体网络课件的教学设计

（一）体育多媒体网络课件的设计特点

1. 对于“以学生为中心”的思想进行强调

在体育多媒体网络学习的过程中，学生应该使自身的主体性作用得到有效的

发挥，将高校体育教学课内与课外相结合，充分展示自觉参与体育锻炼活动的精神。要引导学生在自我反馈信息的支持下，形成对高校体育教学理论与方法的独到见解。

2. 对于情境在获取知识中的重要性进行强调

对于体育教学信息的接受与传递不等同于知识建构的问题。在体育课程得以构建的实际情境中，应开展一系列学习相关活动，促进现有认知结构中的一些相关经验被学习者有效地利用，使他们对于现阶段所学的体育课程教学的新知识可以更好地固化、索引，进而将某种特殊的意义赋予新的高校体育教学知识。因此，在构造体育学习情境的过程中，必须强调知识点与知识点之间的结构关系，不能只是简单地罗列高校体育教学内容。

3. 对于获取知识方面，协作学习发挥的重要作用进行强调

在体育多媒体网络课件进行设计的过程中，学习者与周围环境之间存在的交互作用，还有网络环境能够强化协作学习环境的作用，应该得到充分的、有效的发挥，这对于学习者充分理解高校体育教学内容有着非常重大的意义。

4. 对于学习环境的设计进行强调

这里所说的学习环境指的是学生能够自由地进行学习与探索的场所。在学习环境中，学生为了使自身的学习目标顺利实现，需要充分地利用各种信息资源与工具。基于 Web 的体育多媒体网络课件的设计，教师接受的以学生为中心思想的指引，并不是从高校体育教学环境出发进行设计，而是针对学习环境展开一系列的设计。这样做是为了更多地控制与支配教学过程，使学习过程中生发出更多的主动与自由。

5. 对于学习过程中各种各样信息资源的有效利用进行强调

在体育多媒体网络学习开展的过程中，为了有效促进学习者对知识的主动获取与探索，需要将更多有效的信息资源提供给学习者；与此同时，还要促进学生自主学习活动与协作式探索的顺利开展，并科学合理地利用这些媒体与资源。

（二）高校体育教学内容选择与组织

只有对高校体育教学内容精心选择和组织，才能够使 Web 的优势得到充分利用。具体的做法主要包含以下几个方面。

1. 教学内容的多媒体化

在高校体育教学开展的过程中，多媒体技术不仅可以使用文字和图片组织教学活动，还可以利用声音、动画和视频。如果高校体育教学内容想要具体多元化的形式，那么需要综合利用文字形式、图片形式、声音形式、视频形式与动画形式等多种体育教学手段，翔实地解说体育运动技术动作的要点、方法、难点、练习方法、容易犯的错误、纠正错误的方法等多个方面的问题。

2. 补充体育课程教学相关内容与链接

在体育课程教学开展的过程中，不仅能够在教学的各个知识点中将体育课程教学大纲要求的内容引入其中，还可以适当融入相关的信息和知识。例如，篮球教学中不仅包含体育课程教学大纲中规定的一些技术教学内容与战术教学内容，而且还包含一些篮球运动的技术与战术。在完成体育课程教学大纲要求的内容的同时，使爱好篮球运动的学生能够对国内外先进的篮球运动技战术、教学与训练相关网站进行了解和学习。此外，还能够利用网络连接的特点进行学习。

3. 高校体育教学内容动态更新

在体育课程网络教学开展的过程中，学生体育学习教材由体育教师负责编写的传统方式已经不再适用了。之所以这样说，主要是因为在体育课程网络教学中，学习者可以自由地浏览高校体育教学课件的相关内容，还能够通过网上教师答疑解惑与课程互动讨论等教学手段，对高校体育教学内容进行讨论，并且还可以提供一定的修改意见，促进高校体育教学互动过程中教师与学生对教材进行共同编撰可行性的实现。经过体育相关教材的共同撰写以后，学生能够充分地表达自身的问题与意见，从而使他们在体育课程网络教学过程中的参与感得到提高。

（三）体育多媒体网络课件的结构设计

在对体育多媒体网络课件的结构进行设计的过程中，需要考虑的因素有高校体育教学的目标、高校体育教学的内容、交互方式的性质。体育多媒体网络课件的结构主要建立在高校体育教学内容的基础结构上，从本质上来讲其组织结构也是多媒体各种信息的组织结构，它可以保证体育多媒体网络课件的相关教学功能与大致框架得到充分的反映。

对于体育多媒体网络课件而言，其总体结构主要由两部分内容构成，分别是高校体育教学的内容、网络交互。高校体育教学的内容，不仅包含体育课程教学大纲要求的全部内容，还包含一些扩充性的知识。在高校体育教学网络手段应用的前提下，大量同体育课程教学核心内容相关的补充性知识在体育课程教学内容中能够有机融合，进而促进体育教学资源营造一个特定的环境，从而对那些存在不同兴趣爱好的学生而言，也好使他们的个性化学习活动得到适当的支持。

（四）撰写脚本与设计素材

高校体育教学对多媒体技术的有效利用，使教学内容的形式更加多元化。在撰写体育网络课件的过程中，要重视撰写和设计素材。这里提到的素材，主要包含文字、图片、声音、动画和视频等。在课件设计的过程中，要着重考虑不同类型素材之间的连接。

1. 文字脚本的撰写

在没有特殊要求的情况下，我们可以利用 Word 软件来撰写文字脚本，内容要包含高校体育教学的主要知识点，同时，还要借助文字将教师对某一知识点或某一问题的分析和解释呈现出来。另外，在需要引用图片、动画和视频的地方做出标记，方便制作者后期使用。因此，文字脚本的字数通常是传统教材的 2～5 倍。

2. 声音脚本的撰写

高校体育网络课件的制作会在一定程度上受到网络条件的限制。课件如果过多地应用声音文件，那计算机的运行速度就会受到影响，课件播放的效果也不甚理想。所以，除非特别需要，否则在体育教学课件制作中，可以尽量少用或不用声音文件。比如，涉及对动画或视频的解说时，可以应用声音文件。而在撰写声音脚本时，最先要考虑的就是目标动画与目标视频，同时，按照动画的解说与视频的解说，对时间与内容展开配音，在此过程中，要尽可能地使配音脚本更加精练。

3. 关于图形图片的设计

我们常说的图片，就是指利用拍照技术而生成的图片。当体育教师向学生讲解高校体育教学内容的时候，可能需要使用大量的图片。我们常说的图形，就是指利用计算机的相关软件绘制出来的示意图，如篮球运动技战术配合的相关线路等。在拍摄图片前，体育教师应该分析每一个技术动作，按照文字讲解的实际需要进一步设计照片拍摄的地点与数量。通过计算机相关软件绘制的示意图，不仅要对相关的内容进行表现，还要对图形的种类进行确定，可以使用二维图形的绘制，也可以使用三维图形的绘制。从原则上讲，为了使基于 Web 的体育多媒体网络课件的制作成本适当地降低，尽量使用二维图形，而放弃三维图形的使用。

4. 关于动画的设计

这里所说的动画主要是指动态的图形或图片。在基于 Web 的体育多媒体网络课件中，动画的使用只是为了表达一些原理性的内容。例如，体育教师在讲解球类运动的战术配合问题的时候，就需要应用二维动画。在对相关动画进行设计的时候，首先需要设计的是最原始的静态图形，然后需要通过文字与图示对初始动态图形的每一个变化过程进行说明，同时，还要按照文字撰写的形式编写相应的解说文字。动画脚本的主要构成有：每一步动作的图形、说明性的文字与线条、图片中的文字提示、解说的文字等。一般来讲，一套规范的制作表必须由制作人员和脚本撰写人员一起进行商讨、确定，这对于撰写脚本与双方交流活动的开展能够起到一定的促进作用。

5. 关于视频的设计

在基于 Web 的体育多媒体网络课件设计过程中，视频的拍摄类似于图片的拍摄。通常来讲，视频的拍摄和图片的拍摄在步骤上是一致的。同时，如果拍摄过程中使用的是数字摄像机，那么图片拍摄与视频拍摄事实上就处在同一个过程中。

6. 关于功能的设计

对于基于 Web 的体育多媒体网络课件而言，其功能设计主要包括对于课件界面的层次选择、导航模式设计、按钮的选择、功能按钮的确定、课程内容展示方式的确定、不同类型素材连接方法的确定、课件内容文件结构的确立等。功能设计的目的主要是最大限度地使用多媒体网络手段，以便于能够使特定内容对教学活动辅助作用的完成起到一定的促进作用。在基于 Web 的体育多媒体网络课件中，按照总体结构的相关要求，通常通过三级结构对界面进行设计，分别是主要界面（也就是网络课件的主页面）、选择内容的界面、讲解内容的界面。

在基于 Web 的体育多媒体网络课件的主要界面中，通常存在两组可以选择功能内容的按钮，分别是高校体育教学内容组按钮、网络交互组按钮。为了适当地减少页面切换的数量，提升基于 Web 的体育多媒体网络课件的运行速度，教师在选择内容的界面时，在设置每一节内容的选择按钮的同时还要设置每一章节的切换按钮。针对某一所高校的体育教学内容，可以综合利用各种各样的高校体育教学手段，如文字介绍、动画讲解、图像图片、录像片段等。不仅如此，基于Web的体育多媒体网络课件还可以设置其他超文本链接形式的按钮，如友情链接到其他网站。在基于Web的体育多媒体网络课件中，其界面各式各样的按钮充分考虑了学生的各种需求。

基于Web的体育多媒体网络课件的主要作用是：使实践课中理论讲授时间紧迫且不系统的问题得到较好的解决；教师可在网上将体育课的教学内容完整系统地讲授出来，以便不同需求的学生在网上进行个性化学习；教师可以利用多媒体的手段形象生动地讲解体育运动技术动作要领，保证统一的、规范的动作；可以便于学生重复多次地进行观摩与学习，从而保证基于Web的体育多媒体网络课件对课外体育锻炼能够起到很好的辅助作用；对于网络上能够提供的条件应该充分地利用，对于相关的问题，体育教师应该指导学生进行谈论，并且为其答疑解惑。

基于Web的体育多媒体网络课件，其应用与发展在对高校体育教学手段与高校体育教学方法进行改革与创新的同时，还会在一定程度上影响体育教育理论的发展与高校体育教学模式的发展。在未来多媒体课件中的一种重要形式就是基于Web的体育多媒体网络课件，同时它也将成为网络教学发展的重要资源之一。

第二节　体育教学中微课的应用

一、微课概述

（一）微课概念

微课是指以视频的方式，把教师在课堂内外教学活动开展过程中传授的教学环节或者强调的主要知识难点与重点展示出来的新型教学资源。微课具有一些比较显著的特点，即碎片化、重点突出、较强的师生交互性、能够反复多次使用。微课作为一种全新的教学模式，能够使学生的碎片化学习活动随时随地展开。

（二）微课的组成

对于微课而言，其组成内容的核心就是示例片段，也就是课堂教学视频。不仅如此，还有同某个教学主题相对应的辅助性教学资源，如素材课件、教学设计、练习测试、教师点评、教学反思和学生反馈等。在一定的呈现方式和组织关系下，它们共同营造了资源单元应用的“小环境”。而这里所说的资源单元具有的显著特征是主题式的半结构化单元资源。因此，微课同传统单一资源类型的教学资源之间是有一定差异的，主要表现在教学设计、教学课例、教学课件与教学反思等方面。同时，微课与上述的这些教学资源之间也存在一定的联系，即微课作为一种新型的教学资源，其发展基础就是上述的这些教学资源。

（三）微课的特点

1. 碎片化

微课视频时长在 10 分钟左右，将课程教学过程通过清晰的视频录制的方式进行呈现。一堂传统课堂教学的时间是 45 分钟，而原有的段状课程在微课的作用下，逐渐向点状课程转变，促进了课程内容更加细致地呈现。因此，学生除了课堂的教学时间以外，还可以利用课外的其他零散时间，如当学生排队等待就餐的时候，可以利用这一小段时间进行学习。所以，微课的显著特点之一就是碎片化。

2. 突出重点

基于学生的学习特点，在微课显著碎片化特点的影响下，对于教师的教学能力，微课也提出了更高的要求。在 10 分钟的展示时间内，教师不仅要体现自身严谨的逻辑性，还要将课程内容的重点与亮点突显出来，精准地抓住学生的学习重点，才能够使学生的学习兴趣得到更好的激发。

3. 较强的师生交互性

微课作为一种新鲜的课堂形式，在满足学生对知识的渴求与猎奇心理的同时，还能够有效改善传统教学模式中教学内容单方面输出的情况。在微课教学开展的过程中，教师与学生之间的互动性得到了加强，不仅即时收集了学生课程学习的兴趣点，而且对于学生存在的疑问，教师也能够即时进行回答。这无疑会为教师之后的课程设计提供便利条件，进一步提升课程的教学效果。

4. 能够反复多次使用的教学资源

在微课模式下，学生能够按照自身的实际需要，随时随地展开体育学习活动。例如，在课程开始之前，学生可以通过微课来预习运动技能、巩固难点和重点、练习课后的动作，等等。上述的这些微课学习途径，在进一步提升教学效果的问题上都能够有效地发挥促进作用。此外，微课教学模式的使用，还可以增强学生课程学习的积极性。

二、微课在体育教学中的应用

由于微课存在碎片化、突出重点、较强的师生交互性与能够反复多次使用的教学资源的特征，因此，应从体育微课的基本设计原则出发，开发质量较高的体育微课，进一步改善当前高校体育教学的现状，使学生体育运动项目学习的兴趣得到提高。一般来讲，在高校体育教学中，微课的应用主要会在以下几个方面体现出来。

（一）微课应用在学生体育需求调研中

鉴于高校体育教学传统模式同高校体育教学内容间存在的关联，在高校体育教学实践活动正式开始前，体育教师应该按照课程逻辑将高校体育教学内容中的难点与重点提取出来，同时还应该同现阶段体育栏目与体育热点新闻相结合，制作体育微课，之后再将已经制作完毕的体育微课利用移动互联网的各种渠道在学校范围内广泛传播。通过对微课中学生的点击率与同帖评论内容的考察，体育教师能够有效地评定体育课程内容的合理性，保证体育教师更加深入地了解学生的兴趣与期待。此外，在前期对体育微课进行传播，能够有效地使学生体育学习的积极性得到调动，使学生更加期待即将学习的内容，将被动学习行为转变为主动学习行为，进而提升学生的体育参与度。

（二）微课应用在体育课程设计中

体育微课不仅补充了传统的高校体育教学模式，还是多媒体时代下高校体育教学发展的必然结果。微课的出现使原本的体育课程设计得到了重新定义。在高校体育教学开展的后期阶段，应改变以往室内体育理论课与室外实践课分别开展的体育课程设计，将两者进行融合。同时，鉴于多媒体时代大数据的时代特征，在设计体育室内理论课的时候，可以教师和学生的信息数据交流为主，在体育课程中掀起头脑风暴，呈现更加公平、更加自由的体育课程形式。此外，在这样的形势下，体育教师的教学思维能够得到更进一步的更新，学生体育学习的热情也能得到提升。

（三）微课应用在体育课程教学中

一方面，基于体育时事热点与体育课程的新内容等方面，体育教师能够对新颖的体育新课进行设计，并导入微课，进而组织学生集体观看，激发他们的体育学习兴趣；另一方面，在高校体育教学实践活动开展的过程中，体育教师可以将复杂动作的教学制作成微课，进而向学生重复地播放，将更加具体、更加直观、更加生动、更加形象的高校体育教学过程呈现出来。

（四）微课应用在体育课后辅导中

对于高校体育教学而言，每一节体育课堂教学的时间是45分钟。有限的高校体育教学时间，使教师很难面面俱到地讲授内容，更无法实现精细化教学，所以，必定会出现一部分学生不能与教学节奏同步或者是学生不能对其所学运动技能充分掌握的情况。当体育课堂教学结束后，教师可以将包含有高校体育教学重点的微课视频发给学生，以便于学生在课堂结束后练习已经学到的技术动作，对课堂上所学内容进行复习，切实做到温故知新，提升学生的学习效果。

（五）微课应用在体育课程分享中

从本质上来讲，分享就是学习。一般情况下，学生喜欢在朋友圈中分享一些好的视频课程，感染身边的朋友、同学，使自身的学习圈子得到扩大。因此，教师应该构建一种有着分享精神的学习共同体，让成员之间互相督促，分享有用的体育学习信息。例如，将微课应用在体育舞蹈教学过程中，学生可以对已经学习的且比较感兴趣的体育舞蹈课进行分享，使越来越多热爱体育舞蹈的学生能够即时地对学习资源进行获取、分享。同时，学生还可以与校园内其他兴趣一致的学生进行自发组织，安排大家一起学习体育舞蹈微课，进一步丰富学生课堂学习外的生活等。

第三节　体育教学中慕课的应用

一、慕课的授课形式和主要特点

（一）慕课的授课形式

慕课是一种将分布在世界各地的学习者与授课者通过某一个共同的主体或者话题而联系在一起的方式方法。几乎所有的慕课的授课形式都采用每一周话题研讨的方式，并且会将一个大概的时间表提供给授课者与学习者。但是一般来讲，慕课课程都不会对学习者提出特殊的要求。对于其他课程的结构而言，其结构也是比较小的，一般说明的内容比较简单，如阅读建议、每一周进行一次的问题研讨等。

（二）慕课的主要特点

1．规模比较大

所谓规模比较大，指的是网络开放的大规模课程，而不是以个人名义发布一两门课程。我们这里所说的网络开放的大规模，通常是指那些参与者发布出来的课程。这些课程一般会被人们称作大规模的课程或者是大型的课程。慕课的典型形式就是这些课程。

2．开放的课程

所谓开放的课程，一般会严格遵守知识共享许可协议。可以说，开放的课程，就能够被称为慕课。

3．网络课程

网络课程的相关材料通常在互联网上被散布，而不是面对面的课程。此种课程的显著特征就是没有上课地点的特殊要求。例如，如果想享受美国大学的一流课程，那么不管处在什么地方，不需要花费太多的金钱，只要有网络与电脑就能够实现。在一篇评论文章中，斯坦福大学前校长约翰·汉尼斯（John Hennessy）曾经表达过这样的观点，即由学界大师在堂授课的小班课程依然保持其高水准，但是与此同时，网络课程也被证明是一种高效的学习方式。如果和大课相比的话，更是如此。①

二、慕课在体育教学中的应用

（一）高校体育教学中慕课的应用价值分析

自慕课引入我国以来，已经过了很长的一段时间，对于此种新式的教学方法，许多学校都开始进行尝试，然而其在高校体育教学方面的应用仍相对较少。但实际上，慕课的教学方式在高校体育教学方面也是非常适用的。

随着网络的日渐发达，每一天人们都会上网。不管人们是对网页进行浏览，还是刷微博，我们都必须承认，网络在现代人们生活中占据的位置越来越重要。而慕课就是利用此种现状，在学习活动开展的过程中充分利用网络条件。除此之外，作为一种学习方式，慕课还具备一定的主动性特征，使用者可以按照自己的个人兴趣爱好选择、学习喜欢的运动，不受任何人的监督与强迫。同时，慕课所拥有的资源是非常丰富的，在高校体育教学开展过程中对慕课进行应用，教师和学生还可以实现对国外高校体育教学资源的获取与使用。

现阶段，学校体育课的开展形式主要是体育教师授课，学生接受学习，即在高校体育教学课堂教学中，教师首先进行讲解、示范，之后学生再进行练习。然而，我国大多数中小学、高中体育课的上课时长一般是 45 分钟，当体育课的准备活动做完以后，由体育教师进行体育技术动作的讲解与示范，但是，一堂体育课的时间已经耗费很多，学生的练习活动无法在剩下的时间展开。对于这个问题，慕课就能够给出很好的解决方案。

当体育课堂教学结束以后，学生在课后就能够自行复习。体育微课视频中包含真人操作与讲解，能够帮助学生对白天体育课堂学习的动作进行复习与记忆。高校体育教学时间长达一个半小时，学生能够拥有足够的时间去学习、练习体育运动技术。但是，每门体育课只能修习一次，每一个学期所要学习的内容都基本相同，而学生间会存在差异，一部分学生不擅长深入学习、练习。

在高校体育教学中应用慕课的教学方式，不仅能够保证学生深入学习活动的

① 陈玉琨，田爱丽．基础教育慕课与翻转课堂问答录 [M]. 上海：华东师范大学出版社，2016.

开展，还有利于学生自己掌握学习进度。同时，慕课中的学习资源是非常丰富的，有利于学生寻找到适合自己的运动方式。例如，对于一部分学生而言，可能剧烈的运动不适合他们，所以，他们能够在慕课中发现比较适合自己的运动，如此一来，不仅能够避免损伤自己身体的情况发生，还能够顺利实现体育锻炼的目的。

实际上，如今许多家长也比较重视学生的体育锻炼问题。为了保证孩子的健康成长，家长总是喜欢带着孩子从事散步、晨练等体育锻炼活动。然而，这些体育活动的效果能够真正实现吗？大多数时候人们认为，只要自己去参加体育锻炼了，那么就有益于自己的健康发展。然而，如果人们不能运用健康的方式开展体育锻炼的话，那么在浪费了时间的同时，还会在一定程度上造成身体伤害。如果在高校体育教学中应用慕课的方式，那么学生在体育运动锻炼的过程中就可以参考标准的动作去完成体育锻炼，在这样的情况下，就像是一个专业的私人教练陪在学生身边，并对体育锻炼活动进行正确的指导。

（二）慕课应用在高校体育教学中的未来发展

慕课源于国外，在我国的高校教学中才刚起步，而且有一些内容对于我国高校而言是不适用的，必须进行一定时间的磨合才能够同我国的教学理念相适应。

基于这样的情况，我国大部分高校应该按照自己学校的特点自行录制慕课视频。在录制慕课视频的时候，可以是多个学校的教师共同参与录制、讨论，然后在多个优秀的视频间进行选择，将最好的一个视频上传到网上，方便学生观看、下载、学习。由于不同教师在讲课的风格与方式上也会存在不同，而教师录制的慕课中包含多个教师的教学课程，因此学生就能够选择最适合自己的教师。此外，这样能够避免出现大课参与人数多的情况，还能够有效改善学生听课效果不佳的情况。将慕课应用在高校体育教学中，能够使小班教学的目的得以实现。同时，同一学科由多个教师进行录制，有利于形成比较竞争，帮助学生更加仔细地观察教师的教学缺点，使高校体育教学质量得到提高。因为慕课在高校体育教学中的应用以网上教学为主，所以要求学生具备比较强的自主学习能力。在高校体育教学考核的问题上，可以不再使用计算机考核的方式，而是在体育教师组织学生开展网络学习以后再安排传统方式的考试即可。只有这样才能够有效避免学生的作弊情况。此外，还能够检测学生通过慕课进行学习的效果。需要注意的是，教师与学生应该摆正对于慕课教学的认识。

慕课教学使教师完全地解放？并没有。例如，在高校体育教学开展的过程中，通过慕课教程开展教学的方式是可取的，但如果学生出现一些疑问，那么通过观看同一个视频是无法答疑解惑的。因此，教师与学生之间应该定期交流，如此一来，不仅能够使教师和学生之间的感情得到增进，还能够对学生的学习产生一定的帮助。尽管我国对于慕课的应用还处于刚开始发展的阶段，但在现代网络发展的背景下，慕课的发展是一种必然趋势。将慕课应用在高校体育教学中，能够给教师未来教学的开展带来一定的启示。需要注意的是，教师在使用慕课方式开展高校体育教学的时候，还应该同国内的高校体育教学情况进行有机结合。例如，在篮球运动课堂教学开展的过程中，不仅要对手指上的动作进行教学，也要对脚上的动作进行教学，更重要的还是要将两者的教学活动紧密地联系在一起。因此，在制作相关慕课的时候，不仅要对这些动作进行分解，还要有一个规范的整体动作，以便于学生学习活动的开展。查阅相关的文献资料可知，尽管国内已经引入慕课的教学方式，但是慕课在高校体育教学中的应用还不广泛，如果想要构建一个体育慕课的完整体系，那么就需要具备相关的慕课教程。一般来讲，由国外引入的教学资源通常都是外语，存在大量的体育专业名词，导致学生在理解上容易出现困难。面对这样的情况，在制作慕课的时候，可以聘请国内优秀的体育教师结合具体的教学情况进行制作。此外，针对制作慕课的情况，还要设定一定的标准，如果慕课没有达到标准，那么就不能够被使用，这将有利推动慕课的进步与发展。

第四节　体育教学中翻转课堂的应用

一、翻转课堂的概念及主要特点

（一）翻转课堂的概念

翻转课堂这个词汇源于英文词汇“Inverted Classroom”或“Flipped Classroom”，通常是指重新调整教学课堂内外的时间，从本质上来讲，就是学习的决定权不再属于教师，而是由学生掌握。在实施翻转课堂的过程中，学生在有限的课堂时间内，能够更认真、专注地进行学习活动，从而能够深度掌握知识和技能。

在课堂教学环节，教师不会像以往那样占用大量的时间给学生讲授知识，但学生需要在非课堂时间独立自主地完成相应的学习任务。在自主学习过程中，他们可以利用多种方法和渠道，如听播客、看视频讲座、阅读电子书等，也可以借助网络通信方式，跟其他同学共同探究、讨论。由此可见，在翻转课堂模式的实施中，学生随时都能够查阅自己需要的资料，获取有用的信息。

更重要的一点是，在翻转课堂模式下，教师和学生有了更多交流和互动的机会。在课堂教学结束后，学生可以根据自己的认知水平、学习习惯，来规划学习内容、学习节奏及知识的呈现方式。在这一过程中，学生能够实现个性化学习，这有助于学生学习兴趣、学习能力的发展。

（二）翻转课堂的主要特点

在很多年以前，人们就对视频教学的方式进行过研究、探索。最直接的证据是：世界上大部分国家在20世纪50年代的时候就开展广播电视教育。为什么传统教学模式没有受到当年所做探索的任何影响，而翻转课堂教学模式却被人们广泛关注呢？笔者认为是翻转课堂的几个主要特点导致的。对于翻转课堂的主要特点，笔者进行了如下的分析。

1. 教学视频的短小精悍

不管是亚伦·萨姆斯（Aaron Sams）与乔纳森·伯格曼（Jonathan Bergmann）的化学教学视频，还是萨尔曼·汗（Salman Khan）的数学辅导视频，存在一个显著的共同点，即短小精悍的教学视频。即便是较长一点的视频也只有十几分钟的时间，而大部分视频通常只有几分钟的时间。同时，每一个视频的针对性都是比较强的。短小精悍的教学视频能够特别针对某一个特定问题，学生方便进行查找；教学视频尽量在学生注意力比较集中的时间范围内控制视频的时间长度，这同学生的身心发展特征相适应；在网络上发布的视频拥有回放、暂停等功能，学生能够自己进行控制，使他们的自主学习得以顺利实现。

2. 教学信息的明确清晰

萨尔曼·汗的教学视频存在一个比较明显的特征，即能够在视频中看到他的手不断地在书写一些数学符号，并且慢慢地将整个屏幕填满，同时还有画外音的配合。对此，萨尔曼·汗自己的观点是，这样的方式同他站在讲台上讲课是不一样的，这种方法像是将大家聚集在同一张桌子前面，一起学习，在一张纸上写下不同的内容，使人感觉贴心。这也是同传统的教学录像相比，翻转课堂教学视频的不同之处。如果视频中出现了教室中的各种摆设物品，或者是教师的头像，那么就非常容易分散学生的注意力，特别是当学生处于自主学习状态的时候。

3. 重新建构学习流程

学生的学习过程一般会有两个组成阶段。第一阶段是传递信息，其实现需要教师与学生之间的互动、学生与学生之间的互动。第二阶段是内化吸收，需要学生在课堂教学结束以后自己完成。在学生自己完成的过程中，因为缺少教师的支持与同学的帮助，因此，学生在内化吸收的阶段经常会出现挫败感，使他们丧失学习的动机与成就感。

翻转课堂的教学模式使学生的学习过程得到重新建构。第一阶段的传递信息是在课堂教学开始之前由学生完成的；而教师在对视频进行提供的同时，也对在线的辅导进行提供。第二阶段的内化吸收是由在课堂教学开展的过程中的互动实现的。对于学生存在的学习困惑与困难，教师应该提前有所了解，并在课堂教学开展过程中对学生进行有效的指导。学生与学生进行互相交流，对于学生内化吸收知识的整个过程，也能够起到一定的促进作用。

4. 复习检测的快捷方便

学生观看完教学视频以后，就会看到视频结尾处出现的几个小问题，通常是四个或五个，能够帮助学生即时检验自己的学习情况，同时，根据自身的学习情况做出合适的判断。对于这几个问题，如果学生的答案不是很理想，那么就应该回放一遍教学视频，仔细思考出现问题的原因，加深对视频内容的学习。同时通过云平台，将学生回答问题的实际情况即时地进行汇总、分析、处理，使教师对学生学习情况的了解更加客观、全面。教学视频的另一个明显优势，就是能够在经过一段时间的学习以后，方便学生对学习到的知识进行复习与巩固。伴随评价技术的不断发展跟进，使学生学习的相关环节具有足够的实证性资料支撑，这对于教师了解学生是非常有帮助的。

二、体育翻转课堂的实施策略

（一）做好在线虚拟教学平台的建设

要想顺利实施翻转课堂这一教学模式，首先需要搭建在线虚拟教学平台。因为只有建立稳定的、功能全面的在线教学平台，教师才能在课堂之外更好地进行交流互动。为了保证翻转课堂的顺利进行，在线虚拟教学平台需要包含以下几个模块：教学内容上传模块——教师需要借助此模块来上传学习资源；师生交流与答疑模块——教师和学生需要借助此模块进行线上的交流互动；在线测试与评价模块——教师需要借助此模块考查学生的学习效果，并给学生提供反馈信息；学习跟踪与监控模块——教师需要借助此模块对学生的学习状态进行实时监督；学习总结与成果展示模块——学生需要借助这一模块进行学习总结，并将自己的学习成果进行上传。

（二）注重评价机制的创新

在翻转课堂教学模式下，很多教学环节都跟以前产生了较大的区别，就比如教学评价，不能再局限于传统的试卷测验，并且评价内容、评价标准和评价方法也跟传统教学产生了明显的区别，这正是翻转课堂特殊性的一种体现。在翻转课堂模式下，高校体育教学评价要把“以评促学”“以评促教”作为评价的主要目的，同时还要注意多元化评价方法的使用，最终有效提升“教”与“学”的质量。

（三）注重提高体育教师的综合素养

新的教学理念能否被落实，有效的教学工具和教学方法能否被合理应用，新的教学模式能否充分发挥其优势，关键就在于教师，教师决定着教育改革的成败。翻转课堂是在信息化时代产生的，它代表的是一种全新的教学理念，也是一种先进的教学方法。但是，翻转课堂毕竟涉及新理念、新工具的应用，所以，它的落实对体育教师的综合素质有着较高的要求。在翻转课堂模式的使用中，教师扮演着多重角色，需要完成多个任务，他们需要设计并构建在线虚拟教学平台，制作并发布教学视频，还要组织学生进行学习，对学生的学习成果进行评价。由此可见，要想保证翻转课堂模式的顺利进行，使翻转课堂充分发挥其育人的优势，最关键的就是加强师资队伍的培训，提升体育教师的综合素质。

（四）对体育课堂实效进行追求，避免翻转课堂异化

1. 避免过度强调以学生为中心

在翻转课堂模式下，课堂教学不再采取以往的形式，教师不再承担主要的讲解任务，而是将知识讲解、示范的机会留给学生。但是，教师的作用并没有被弱化，而是在更关键的地方发挥作用，比如制作教学视频、整理教学资料、管理虚拟教学平台、设计学习活动，等等。在实施翻转课堂教学模式的过程中，要注意不能过度强调以学生为中心，要适当凸显教师的作用，否则，学生的学习就会失去系统性，从而导致高校体育教学的实效性降低。

2. 避免高估学生的自主性

对于翻转课堂教学模式而言，学生掌握学习方法是其建构的重要基础。翻转课堂的有效实施离不开学生的自主性。由于现实中的复杂情况，学生在课堂教学开始之前的在线学习中，并不是每一次都能够针对体育教学内容有效、自觉地学习。因此，教师有必要对学生进行适当的检测与跟踪，督促学生的技能学习和知识学习的完成进度，有效培养学生的自主学习能力。

3. 避免一味借鉴其他学科的经验

现阶段，对翻转课堂教学模式的相关理论研究成果与实践研究成绩，主要基于其他学科的基础进行的，在体育学科的理论等方面的研究还并不十分成熟。在研究翻转课堂模式在体育教学中的应用时，我们可以适当参考其他学科的成功的实践经验。但有一点需要强调，就是不同的学科之间存在差异，特别是体育学科，其特殊性更为显著，其他学科领域所使用的一些方法和经验，不一定完全适用于体育学科。所以，在体育教学中实施翻转课堂模式时，我们要把握体育学科的特点，对于其他学科的理论和经验有选择性地加以利用，只有这样，才能使翻转课堂模式在体育教学中发挥更大的价值。

4. 避免过度追求形式

我们之所以要对教学理念、教学的方法和模式进行创新与改进，是因为要提升教学的实效性，使教学能够适应时代的发展需要，更有效地培养人才。所以，教师在体育教学中应用翻转课堂模式时，不能过度追求形式，要将更多的注意力放在教学效果上，否则翻转课堂的实施就违背了初衷。

总之，在体育教学改革深入发展的今天，我们在使用翻转课堂这一教学模式时，要格外慎重，要对其优势和劣势有客观、清晰的认识，避免过度追求翻转课堂的形式，从而导致教学实效性的降低。

三、翻转课堂在高校体育教学中的应用

（一）高校体育教学中实施翻转课堂的价值探析

1. 当前高校体育教学中存在的典型问题

（1）教学指导思想混乱

目前为止，不少学者都提出了体育教学指导思想，包括“健康第一”“快乐体育”“终身体育”等，这在一定程度上促进了我国高校体育教学的发展。但是，众多的指导思想难免会让教师在教学实践中迷失方向。教学指导思想的混乱，会导致教师片面地理解高校体育教学的宗旨，最终对我国高校体育教学的发展造成负面的影响。

（2）工具性和人文性之间的失衡

现阶段，高校体育教学能够充分地表现出工具性特征，然而却忽视了人文性方面的特征。体育教师只是对应该教什么内容、以什么样的方式进行教学、学生对如何进行学习、学生能否真正学会等问题给予重视，却很少关注在体育课程中学生的态度、情感与人格等方面的发展需求。最终导致的结果是，尽管学生已经对体育知识进行了学习，也掌握了一定的体育实践能力，但是体育实践意识与体育素养方面仍需要加强；对于体育课和体育教师，很多学生会表现得比较淡漠，对体育课不甚热爱，对体育教师也没有太深的感情。因此，学生不喜欢体育课且缺乏体育锻炼意识和习惯的现象时有出现。由此可以看出，在传统的高校体育教学中，轻视人文性、重视工具性的教学形式是有很大缺陷的，要想真正实现高校体育教学的目标，就要保持高校体育教学人文性和工具性的一致。

（3）缺少个性与人本化

学生之间在知识基础、性格、兴趣、学习能力、学习需求等方面都存在较大的差别，所以，在高校体育教学中，教师所面对的学生群体是十分复杂的。正因如此，作为体育教师，要加强跟学生的交流互动，积极了解学生的实际情况，并

对不同学生采取不同的对待方式，尽可能地开展个性化教学。在传统的高校体育教学中，如果教师所采取的教学方式不能体现足够的个性和人本化原则，那么是很难落实因材施教这一教育理念的，并且容易导致学生两极分化问题的出现，违背了体育课程人才培养的初衷。

（4）学习评价结果的失真

在传统的高校体育教学中，教师是唯一的评价主体，而且评价的方式基本都是纸笔测试和技能考核，对任何学生都以同样的标准来要求。这样的评价方式确实在一定程度上体现了公正性，却不能将学生的学习效果和进步程度真实地体现出来，而借助评价促进学习这一目标更是难以实现。一旦遇到考试，学生就如临大敌，所以经常出现的现象是考试以前临阵磨枪，考试以后惶恐不安，课程结束以后就像是逃离了地狱一般。

传统的高校体育教学评价模式不能真实地反映学生的学习效果，很难激发学生体育学习的兴趣，其体育锻炼习惯也很难养成。更为严重的是，这种模式还会增加学生对体育课程学习的抵触情绪。

2. 翻转课堂在高校体育教学中的核心价值

（1）翻转课堂使高校体育教学与信息技术的有机结合得到实现

我们如今已经走进信息化社会，人们的生活方式和学习方式因此发生了很大的改变。从现实情况来看，很多学生已经习惯于用手机和电脑等信息化设备进行学习。为了适应学生的学习行为，教学形式的信息化发展已成为不可阻挡的趋势。

翻转课堂是在信息化社会中产生的，它实现了教学与信息技术的完美融合，它蕴含的学习理念和学习方式，跟当今学生早已具备的学习习惯高度相符。并且，这种新型的教学模式大大改善了传统课堂存在的内容单一、形式单调等问题，给学生的学习过程增添了更多有趣的元素。在以翻转课堂模式开展的体育教学过程中，体育教师可以利用线上教学平台上传教学视频、教学 PPT 等材料，供学生学习使用，还可以利用线上教学平台的相关功能，对学生的学习效果进行评价，并就某一问题和学生进行交流。这样的教学环境十分有益于学生的身心发展，并且还能拉近师生之间的距离，构建和谐的师生关系。更重要的是，这种新型教学模式的使用，提升了体育课堂的趣味性，能使学生积极主动地参与学习活动，有助于提高体育教学的实效性。

（2）翻转课堂有助于实现高校体育教学的精讲多练

学生在课堂中学习及练习的时间总量一般来说是固定的，不会发生太大的变化，如果学生将更多的时间花费在学习新知识和新技能上，那么就没有太多时间用来进行体育训练，很难做到对知识和技能的深刻理解和掌握。因此，体育课堂教学应该采取精讲多练的形式。在翻转课堂模式下，课前，学生通过观看视频来了解体育教学内容，明确本节课的重点与难点，在遇到不能解决的问题时，可以借助线上交流平台向教师请教，教师也能对学生的学习情况有所了解；课堂中，教师根据学生普遍存在的问题进行针对性讲解，这样就能节省很多课堂时间，从而有更多的时间让学生进行体育训练，这正好符合了精讲多练的要求。

（3）翻转课堂使高校体育教学要素的优化组合得到实现

从高校体育教学要素的层面上来讲，翻转课堂同传统的高校体育教学模式之间存在的区别并不是很明显。对于翻转课堂而言，它主要是利用科学合理地重构高校体育教学要素来使高校体育教学的效能实现增值的。我们之所以将翻转课堂判定为一种革命性的高校体育教学方式创新，主要是因为此种教学模式在对高校体育教学要素的各种功能进行准确定位的情况下，使体育教师与学生的主体性地位得到了转换，使体育课程的资源得到补充，促进了高校体育教学目的、教学方法手段与反馈机制的合理调整，对学生体育学习的良好环境进行创设，进而从质的层面改变高校体育教学的形态与结果。同时，需要注意的是，翻转课堂在组合高校体育教学要素的过程中并不是一成不变的，而是动态的；不是呆板的，而是灵活的。在高校体育教学的实践活动中，按照实际的需要，体育教师可以随时调整各教学要素间的组合关系以保证高校特定体育教学目标的实现。只有充分认识这一点，才能够保证教师将翻转课堂作为固定范式来看待，进而改善高校体育教学中应用翻转课堂教学方法流于形式的情况。

（4）翻转课堂能够促进高校体育教学中素质教育的实施

素质教育的最终目的就是提高受教育者的综合素质，而综合素质的提高跟人的全面发展是相辅相成的。与此同时，我们也不能忽视学生之间的差异性，不能忽视对学生个性的培养。

在翻转课堂模式下，所有学生都有同一个学习目标。同时，根据学生的实际情况，体育教师帮助学生制定个体目标。教师给学生提供高校体育的教学视频等其他资源，有助于学生顺利地进行自主学习；可以根据学生的学习能力来确定高校体育教学视频的观看次数，按照学生的学习基础来由学生自主选择观看的内容。从反馈问题的层面上来讲，通过在线交流平台，学生能够将学习中的问题随时向教师反映，同时获得教师的即时教导。从学习评价的层面上来讲，教师对学生进行评价的根据是学生的进步程度，同时将小组评价和个人评价融入最终评价结果中。这种评价模式有助于让学生明确在学习过程中的优点和不足，并时刻感受到自己在不断提高。可见，翻转课堂这种个性化的教学模式对于学生端正学习态度、激发学习兴趣、提高沟通能力、培养正确的价值观及促进学生的全面发展，都是有益的。

（二）将翻转课堂教学方法引入高校体育教学的全新高校体育教学模式

我们常说的高校体育教学模式主要是指，在一定高校体育教学理念、高校体育教学思想的引导与高校体育教学理论的指导下建立的高校体育教学活动的基本框架或者基本结构。一般来讲，高校体育教学模式主要包括以下要素，即高校体育教学的理论依据、高校体育教学的目标与原则、高校体育教学程序与学习程序、高校体育教学的实现条件与教学资源，以及高校体育教学效果与评价，等等。

1．高校体育教学的理论依据

高校体育教学中应用翻转课堂的教学模式主要的思想基础是“先学后教”思想，强调高校体育教学活动中学生的教学参与和学生的主体性。从高校体育教学的特征与行为心理学原理出发，特别是对斯金纳操作性条件反射进行考虑，对高校体育教学的程序进行确定，具体是利用视频学习—对于联系吸收理解—再通过视频回顾—互动反馈—强化实践—学习并掌握，在这样循环、反复的过程中，对于行为目标进行有效塑造；同时，按照学习的过程与教学的实际效果、学习主体对体育“教与学”的活动过程进行不断的完善与创新，促进高校体育教学预期目标与学习目标的实现。

2．高校体育教学的目标与原则

高校阶段的体育教学目标是对中小学阶段体育教学目标的巩固与提高，即体育锻炼的思想、体育能力与体育习惯，可以对学生科学、积极、主动参与体育锻炼的行为进行引导与教育，优化现代体育学科中的基础知识、基本技术和技能、方法，使学生体育锻炼的参与意识得到强化，提高其体育文化素养。

为了保证高校体育教学目标的顺利实现，对于将翻转课堂教学方法引入高校体育教学的全新高校体育教学模式而言，教学原则是体育教师应该依照学生的认知水平与心理发展特征，加工整理高校体育教学内容、高校体育教学设计，制作通俗易懂，同时还能够紧密地联系到自身已经掌握的认知结构的、优质的、适宜的高校体育教学视频；构建一个宽松的、民主的、轻松的交互式学习社区或网络教学平台，即时地掌握学习反馈信息，并有效地发现问题、解决问题；在对总体学习情况进行把握的条件下，对个体学习发展的过程给予重视，将高校体育教学过程中与学习过程中的学生的主体性作用充分发挥出来，尽可能地使学生自己发展，自己分析与解决存在的问题，同时对于自我认识、能力与技能进行深化、拓展。

3. 高校体育教学程序与学习程序

将翻转课堂教学方法引入高校体育教学的全新高校体育教学模式，其主要基础是优质的交互学习社区与视频资源。因此，可以将高校体育教学程序与学习程序按照如下方案设计：对于高校体育教学内容进行预习；对于高校体育教学视频有针对性地进行观看，再进行示范、讲解；在课堂教学中由教师对新课进行讲授，解答学生的疑惑，并进行示范；由学生自主进行练习与实践，对体育学习效果进行巩固；对体育学习效果进行反馈，由教师、学生进行评价；通过资源的补充完善、知识和技能结构的扩展，以及反复练习、实践，对理解与训练效果进行加强。

4. 高校体育教学的实现条件与教学资源

在信息技术的支持下，慕课教育平台得到快速发展，这给翻转课堂模式的实施提供了良好的条件。但目前来看，我国高校体育教学在实施翻转课堂的过程中还存在一些问题，最明显的就是高校体育教学相关的视频和学习资料相对较少，学生学习资源不足，难以顺利地进行自主学习，严重影响翻转课堂实施的效果。所以，作为高校体育教师，要根据体育课程的教学内容与教学目标，结合学生的特点和需求，自行设计并制作高校体育教学资源。对于高校体育教学内容而言，主要可以采用理论教学内容与动作讲解、演示的视频，保证体育练习活动的理解性与课余训练活动的实践性，既要有动作示范的要领分析，又要有训练实践的摄像记录视频。此外，还需要有拓展性的教学资源和学习资源，以及专题性的研讨问题等。不仅如此，体育教师在组织学生观看教学视频、开展练习活动和训练活动的同时，还要保证在交互社区即时地答疑解惑。

5. 高校体育教学效果与评价

将翻转课堂教学方法引入高校体育教学的全新高校体育教学模式，既能够激发学生体育学习的兴趣，使学生自主发现、学习、探索、分析、解决问题的综合能力得到培养，促进学生技术和技能的提升，还能够有效促进学生自主学习能力、社会发展适应能力、互相合作能力的发展与培养。体育教师应该通过交流与活动实时地了解学生的学习情况与进度，即时掌握反馈信息，同时再从所获得情况出发，适当地进行引导，充分调动学生的学习积极性，在开展高校体育教学与讲解活动的过程中，因材施教。将翻转课堂应用在高校体育教学中的相关活动适宜于小班教学，所以，在大班教学中一般很难实施。而对于学生的评价而言，需要注意的是，它同其他文化课程是不同的，在对其学习好坏进行衡量的时候，不能单纯地将考试成绩作为唯一标准。在高校体育教学中，应该始终坚持“健康第一”的指导思想，同时，还要在体育考试的各个环节中渗透“健康”的标准，在标准化的项目中，应该适当地减少技能考试。要有效改进体育教学的评价标准，尽可能地避免学生由于害怕考试而出现的厌学心理与逆反心理。此外，应该积极地引导学生，使他们加强对体育教学的相关认识，养成体育锻炼的良好习惯，并且要积极构建同体育教学目标相适应的人性化测试方法。

第五章　运动心理的理论与实践

本章主要介绍运动心理的理论与实践，主要从四个方面进行阐述，分别是运动心理学的基本理论知识、运动心理训练与竞赛前中期的应用、运动心理训练方法在竞赛中后期的调控、竞赛前中后期和恢复期的心理训练方法。

第一节　运动心理学的基本理论知识

一、运动心理学的研究对象与研究内容

（一）运动心理学的研究对象

运动心理学是研究体育运动中一切心理活动规律的科学，是心理科学的一个分支，属于应用科学。

（二）运动心理学的研究内容

运动心理学的研究内容有三个方面。

1. 运动活动心理

运动活动心理包括运动活动中学生的一般心理规律和各种运动专项的心理特点。运动活动是多种多样的，其中包括体育教学、运动训练、运动竞赛等。体育运动项目也是多种多样的，有游戏、田径、体操、球类、武术等。学生在进行这些运动活动的时候，会伴随着一些具有共性特征的心理现象或者精神变化，这正是运动心理学所研究的内容。

2. 运动心理状态

运动心理状态可根据产生背景的不同，分为一般运动心理状态和特殊条件下

的心理状态。前者包括运动中的意识情况和注意的方向等，后者则包括赛前热身准备时的心理状态、赛后体会胜利喜悦或承受竞技失败的心理状态等。

3. 运动参与者心理

运动参与者心理可以认为是运动员的专属品质，或者说是所有运动员个性中的共同特质。例如，专项运动员所拥有的特殊感觉就是一种值得被研究的心理。

二、运动心理学研究对象的意见分歧

在运动心理学的研究对象中，当前的意见分歧集中在运动心理和体育心理的“合”与“分”的问题上。究竟是体育运动心理，还是体育心理与运动心理？目前意见并不统一。持“合”意见的人认为，人们常把体育与运动相提并论，强调体育与运动的一致性，因此主张体育与运动合并，统称为运动心理学。持“分”意见的人则认为，不管是对于研究活动的目标、方向，还是将要使用的手段与策略，都不能够将两者完全等同。普遍观点认为应该将体育和运动作为两个区分开来的概念加以分析，构建专业的体育心理学与运动心理学研究体系。

当前，运动心理学与体育心理学的“分家”已经是大势所趋。在科学研究上，应当更加明确地将运动心理学与体育心理学区别开来，各自确定研究对象，进行各自的研究和探讨。[①]

三、运动心理学的意义

体育工作者通过对运动心理学的研究，了解了体育教学中学生的心理状态和各种心理活动的具体规律，为在体育教学过程中采用合理的教学训练措施提供科学依据。

要接受现代化的体育训练，就意味着学生不仅要专门训练体能、技巧、战术等，还需要特别注意在体育运动心理上的锻炼和培养，这也意味着要形成一套完整的现代运动训练规范体系。教师不仅要了解人体的身体素质，还要掌握人的心理特征和心理变化规律等，从而为学生训练身体机能和提高运动素质提供有效的指导。在正规的体育竞赛（特别是一些顶级的比赛）中，参赛学生的身体机能、

① 李明，曹勇．体育运动心理训练理论与实践[M]．武汉：中国地质大学出版社，2015.

竞赛技巧和战术策略往往不会有非常明显的差距，这种情况下，心理能量就发挥了至关重要甚至是决定性的作用，决定竞赛的最终输赢。体育工作者学习研究运动心理学对于选拔优秀运动员、为国家迅速培养出高水平的运动人才具有重要的意义。

四、运动心理学的产生和发展

（一）运动心理学的产生

运动心理学是心理学的一个分支学科，属于应用心理学。1913 年，奥运会创始人皮埃尔·德·顾拜旦（Pierre De Coubertin ）在瑞士洛桑举办了第一次运动心理学的国际会议。第二次世界大战后，苏联对运动心理学的研究极为重视。20 世纪 60 年代初，美国、日本广泛开展对运动心理学的研究，为推动、发展运动心理学起到了积极的促进作用。1965 年在意大利罗马举办了国际运动心理学大会，会议制定了章程，设置了常设机构，并确定每 4 年召开 1 次国际运动心理学会议。之后，1968 年在美国华盛顿，1973 年在西班牙马德里，1977 年在捷克布拉格，1981 年在加拿大渥太华，1985 年在丹麦哥本哈根，1989 年在新加坡，1993 年在葡萄牙，1997 年在以色列相继召开了国际运动心理学会议，推动了国际运动心理学的学术交流。其中，我国派代表参加了 1981 年和 1985 年的这两次会议。

（二）我国运动心理学的发展

在我国最早出版的体育心理学书籍是 1943 年吴文忠、萧忠国编译的《体育心理学》。运动心理学作为一门独立的学科在我国正式被列为体育专业的课程是在 20 世纪 50 年代末，体育院校开设了运动心理学课程，所授内容主要是参照苏联运动心理学家鲁吉克（Rudik）的《运动心理学》和切尔尼柯娃（Chernikova）著的《运动心理学问题》两本书。1964 年在国家体委的领导下，武汉体育学院和上海体育学院合编了一本中国自己的、供体育系学生专用的《运动心理学》。直到 20 世纪 70 年代末，在党的十一届三中全会正确路线的指引下，运动心理学才得到恢复和重获新生，并获得了较大的发展。

1979年我国成立了中国心理学会体育运动心理学专业委员会，1980年又成立了中国体育科学体育会运动心理学会，先后举行了多次学术报告会，对科研、教学、学术交流等方面起到了积极的组织和推动作用。随着我国“四个现代化”的建设，特别是将我国建设成为体育强国后，运动心理学将会得到进一步的、广泛的开展，在我国攀登世界体育高峰的过程中发挥有力的作用。

五、运动心理学的原则

运动心理学的研究，应以辩证唯物主义的方法论为指导思想，遵循下述原则。

第一，客观性原则，即实事求是，按事物的本来面目反映事物。

第二，实践性原则，是指研究体育运动心理应结合体育运动的实践活动进行研究，接受实践的检验，为实践服务。

第三，联系性原则，即研究者不仅要充分认识和理解各种心理现象的形成条件和诱发原因，还能够将所有和心理活动有关系的其他因素纳入考虑范围。

第四，发展性原则，即要在人类发展、个体发展的过程中研究人的心理特点。

六、运动心理学的研究方法

目前学术界大致存在三种研究运动心理学的主要策略：属于运动活动的临床研究、场外调查、实验研究。下面主要介绍其中的观察法、问卷法、实验法三种运动心理学的研究方法。第一种研究主要采用的是观察法，用录音、录像、电影拍摄、遥测记录等现代信息设备加以协助研究；第二种研究一般通过谈话法、问卷法、访问调查法、个案分析法等开展；第三种研究通常采用实验法、分实验室实验法和自然实验法进行。

（一）观察法

观察法是运动心理学临床研究的主要方法，是在体育教学、运动训练和运动竞赛的现场中，有目的、有计划地从被研究对象的外部表现了解其心理活动的方法。观察时可以通过详细记录或用录像、录音、照相及通过单向透光玻璃进行观察，以了解对象的活动表现，分析其心理特点。

观察法是在运动活动的自然条件下进行的，保持了被观察对象心理表现的自然性，所得材料比较真实、切合实际。只要深入细致、长期系统地观察，就能充分发挥观察的优点，获得客观的事实，得出合乎实际的科学结论。因此，观察法在体育运动心理研究中具有重要意义。

（二）问卷法

问卷法也被称作书面调查法，是研究者用控制式的测量对所研究的问题进行度量，从而搜集到可靠资料的一种方法。该方案的主要参考要素是研究目的，即研究者的出发点提出相应的问题。在实施过程中，研究者必须对自己的个人情况给出书面回答，包括态度、举止、意愿、观点、认知、情绪等。但是，体育运动心理的研究结果往往不是可以直观地在运动现场上观察到的，毕竟它要研究的是更加隐晦的心理特征。因此，体育运动心理要求研究人员开展更多的场外调查，这期间可以采用很多种调查的手段，不过，最为常见的还是问卷法。

问卷法的主要好处之一在于它能够在短时间内直接分析许多人的情况，同时还能顺利地采集许多比较真实的材料，这样取得的信息往往是直接观察无法实现的。当然，问卷法也有一些现实缺陷，比如限制该方案开展的因素有许多，又如问卷法容易受到出卷人自身的限制，也会因研究对象对问题理解得不准确而被表达出来。如果研究对象对问题的理解既不准确也不全面，那么其给出的回答也不符合题意。更不利的情况是，研究对象并不打算认真对待调查问卷，对问题持有反感、猜忌、开玩笑之类的态度，这样都很难采集到真实有效的信息，对研究结果产生消极影响。

（三）实验法

研究者和调查人员从特定的目的入手，制订完善的实验计划，专门创设或调控一定条件，这些做法的目的都是引发被试者的特定心理活动，推动分析研究更加深入的发展，这就是实验法。

在围绕体育运动心理开展的各种研究中，实验法承担着相当重要的作用。研究者在采用实验法时，可以充分发挥作为研究主体的能动性，有意识地挑选合适的时间和地点，主动引发被试者的某种心理现象。研究者也可系统地改变条件，观察条件变化与被试者的心理变化之间的关系，通过反复的观察与分析，得出正确的科学结论。另外，别人也可以加以验证，使研究者所得结论更有科学价值。

实验法是在人为情况下，严格控制外界影响后进行实验研究的方法，所以在分析研究结果时必须考虑由人工控制而引起的心理现象，否则所得结论可能与事实有出入。此外，实验法必须在现代设备完善的实验室中进行，如呈现和记录被试者的反应，就需要采用录音、录像、微机、摄影等各种现代化手段实行自动控制。但从目前来看，具备这种精密仪器的单位还不多，因而实验法受客观条件所限，还不能广泛开展。

第二节　运动心理训练与竞赛前中期的应用

一、竞赛前中期心理训练的内涵

从广义的角度来分析，心理训练的内核就是教师和研究人员有意识地开展心理治疗的手段，对学生的个性人格与心理过程特点产生效用，为学生获得理想的体育竞赛结果创造各种基础的心理素质。

从狭义的角度来分析，心理训练等同于所有能让学生学会调节自己心理状态的各种方法，使运动员能更加有效地投入并完成运动训练，实现要求更高的比赛任务。

狭义心理训练的概念是包含在广义心理训练之中的，是广义心理训练的一个十分关键的组成部分。不管是从广义还是狭义角度来定义的心理训练，其本质都是训练手段的一种，主体过程是在学生的心理活动中施加影响的教育过程。

竞赛心理训练，顾名思义，主要为了满足体育运动竞赛的要求而开展的训练。在当代，无论是心理科学理论还是现代体育科学技术，都伴随着探索技术的发展和学术思想的变迁而发展。以往人们的观点是只有让学生不断进行身体训练和技术训练，才能够从根本上提升其运动水平。后来随着运动竞赛发展的需要，出现了正规的、科学的战术训练。从以往现代运动竞赛的实际表现中，人们逐渐观察并得出了新的结论：虽然体能消耗是学生在比赛时要面对的首要问题，但心理能量的消耗同样不容忽视，甚至在比赛正式开始之前其就对学生产生了影响。假如学生事先未能针对训练规律和比赛要求做好充足的心理准备的心理过程或个性心理特征发展得不好，哪怕运动员在身体、技术、战术训练等方面成绩比较理想，也难以在比赛中取得满意的成绩。这样一来，在学生心理素质成长的客观需求的促进之下，心理训练应运而生并持续发展，随着体育观念的进步而逐渐受到更多教师和学生的重视。

近年来，国内外心理训练广泛开展，并且在运动实践中收获了相当可观的成效。心理训练被正式纳入运动训练的范畴，成为一种新的手段，并且和以往的身体训练、技术训练、战术训练一起，共同形成了运动训练的较为科学的体系。

二、竞赛前中期心理训练的目的和任务

锻炼并提升学生的心理素质就是心理训练的根本目的。面对重要比赛时的心理准备程度和心理稳定性都是他们所不可缺少的基本素质。心理准备程度可以理解为学生在参加正式的比赛前，已经接受了较高层次和较大可能性的心理训练，它要求运动员的感官、体验、想象、精神、逻辑及其他实现任务目标所需要的品质都达到相当高的水平，还要运动员冷静地掌控个人状态，尽量保持理性的情感行为。培养学生心理稳定性的品质包括很多具体方面，如培养自我稳定能力，使其即使是在高度紧张的条件下也能保持良好的情绪和心理状态，促进运动员运动能力的激发和锻炼效果的稳定。其中，心理训练的主要任务集中在以下六个方面。

第一，对于将要到来的运动竞赛，学生应该事先充分地了解赛程、熟悉比赛的技术要求。

第二，帮助学生培养合适的心理状态，以更好地应对日常的训练和正规的比赛。

第三，学生即使处在高度紧张的状态之下，也要有效地把控和调节自己的心理状况。

第四，如果是团队性运动项目，应该在集体之间营造团结友爱、紧密合作、积极向上的心理氛围，使全体队员在积极上进的环境中进行练习和比赛。

第五，培养学生的独立特征，鼓励学生的个性发展。这样，学生就能在面对训练与竞赛时维持良好的心态，从而为运动能力的巩固和提升提供保障，收获理想的工作能力与锻炼效果。

第六，激发学生的心智能力，引导其在针对性的知觉、记忆力、精力、想象、思维等方面进行自我提升。为了锻炼学生的专业技术、技巧、战术等，这些心智能力必须得到充分的开发。

三、竞赛前中期心理训练的地位和作用

对于现代运动训练来说，心理训练发挥着十分重要的作用。要想培养真正拥有高超运动技能的学生，就必须开展现代化训练，而现代化训练无论如何都离不开心理练习。近年来，国内外都有相当一部分体育运动研究人员持有这样一种观点：因为说过去的体育行业从事者没有真正认识到体力、身体技巧和心理因素的有机搭配乃是开发运动的潜力，所以没能全方位地开发运动员的潜力，而如今人们的观点和手段已经与以往大不相同了，不仅明确强调了心理训练的重要性，而且把心理训练已经运用到运动训练中去了，并使之成为提高运动成绩的重要方法。这样做的关键性意义在于发掘学生的核心潜力，引导学生逐渐学会把握自己的心理状态和运动规律，使其在比赛中快速呈现最佳竞技状态，并凭借这些因素在比赛中取得优异成绩。

另外，还有运动心理方面的专家指出，心理训练在整个运动训练中的比重应占了30%。具体来说，心理因素在影响学生比赛的成功率方面占据相当大的比重。从国内外一些重要比赛中可以看到，在双方实力相当的情况下，心理因素通常可以发挥出乎意料的重要作用。所以，很多国家的研究人员都开始重点分析和研究心理训练在运动员培养中发挥的作用。心理训练对学生心理发展能够起到身体和心理两方面的作用。

第一，身体方面，如果心理训练的开展基础足够扎实，学生能够迅速地、准确地掌握运动技能、技巧，以及在比赛和训练极度紧张的情况下，运动员可以通过心理训练来促进和改善完成这些活动的特殊心智能力。经过训练，运动员的心智能力会获得下面几个特征：学生可以在有限的时间内合理地分配注意力，调节用于各种活动的体力和专注力，找到科学的精力分配和集中规律；学生在肌肉运动知觉方面拥有精确的感知力，精准掌握体育动作的用时、节奏和速度，此外，距离感和空间定位能力也应该足够良好；学生对各类反应（包括简单反应、复杂

反应、先期反应和客体移动反应）都会具备足够的反应能力；学生会获得更加敏锐的思维能力，无论是身体的还是逻辑思维的灵活性都会得以提升，具有迅速预判和应对对方做法和策略的能力，以及有效地完成战术任务的能力；学生将拥有更精准、更长效的记忆能力，在面对表象不同、难度动作不同的成套动作时，更清晰明了。

第二，心理方面，心理训练主要围绕学生的个性心理特征而制定，对学生个人品质的发展和成熟能够起到重要的作用。学生的心理状态很容易出现变动和波折，通过心理训练，他们将能够沉着冷静、稳扎稳打地参加比赛，同时还会坚持不懈地投入大强度、大运动量的训练。上述这些特征都会受到个性心理特征的制约和影响。在许多学生处于极度紧张的情况下，个性特征能够超越其他复杂的心理因素，起到决定性的作用，左右学生的行为特点。学生作为一个独立的个体，在接受系统的心理训练之后能够提高自身人格的稳定性，更好地把控和调节自己的心理状态。另外，教师也可以通过一些符合心理科学的手段来影响学生的心理状态，可以促进运动员个性心理特征的形成和发展。

综合前述因素可以看出，促进不同心理活动的展开，并激励学生的个性特征充分发展，就是建立在体育竞赛前中期学生心理发展而受到心理训练的深刻影响的体现的基础上的，类似的训练会将运动员逐渐引入应对比赛的最佳心理状态，并促进其在比赛中取得最理想的成绩。

四、竞赛前中期心理训练的分类

（一）一般心理训练

一般心理训练是指旨在锻炼学生个性心理品质的训练。它有助于学生快速进入参加比赛的心理预备状态。此类训练的具体任务包括以下五个方面。

第一，锻炼集中注意的素质（注意的广度、注意的集中性和安定性、注意转移、注意分配及在比赛情况下的定向能力）。

第二，塑造和发展学生的个性心理特征，如在专项运动上所体现的兴趣、能力、性格、气质等。因为个性心理特征是学生走向成功、进行全面发展的重要基础。

第三，促进知觉过程的高效进展，特别是对该项运动有关键作用的针对性认知过程。

第四，锻炼情绪控制力，培养沉着冷静的意志品质，尤其是在运动比赛的关键时刻，学生应该充分发挥坚强不屈、敢想敢做、稳重冷静和勇夺胜利的精神品质。

第五，锻炼想象拓展能力、长期记忆能力、短期准确掌握动作要领的能力、逻辑和形象思维及契合即时情况的能力、在接受念动训练（又称意向训练）的过程中逐渐掌握肌肉运动表象的思维力。

一般心理训练是学生在每一次训练中都要进行的心理训练，这种心理训练又可称作“长期心理训练”。要知道，学生良好的心智能力和个性特征是在体育运动中长期训练的结果。长期心理训练至关重要。正如一些著名心理学家所说，以前运动心理学家关心的问题，是学生的个性品质能够得到发展，而发展到什么程度，应由从事某项运动训练的具体情况而定。现在由于有了心理训练，问题就变成了要想使学生在一定项目中获得成绩，应该发展运动员哪些心理品质？发展到什么程度？这些需要教师和学生有目的、有计划地进行训练。

（二）准备具体比赛的心理训练

为具体比赛而准备的心理训练一般都是周期较短的心理训练，按照进行时间节点及主要目的的不同，大致可以分为赛前和赛中两类。这类心理训练的开展目的都是使学生全面掌握自我调节心理状态的方法，使其快速进入最适宜的竞技状态或比较理想的竞技状态，为在比赛中获得优良成绩做铺垫。这类心理训练主要参考学生当前的心理活动状态与心理素质水平，从学生即将参与的具体比赛任务出发，特别设置和筹划相关的心理训练。

为准备具体比赛筹备的心理训练，往往都在不同的时间阶段开展，而每一个阶段都有相对应的不同训练任务和内容。在比赛前不到一个月的时间内，确切来说是 2～3 周之内，赛前心理训练就可以开始了。在本训练阶段，教师具体需要承担以下七个方面的工作。

第一，教师应该和学生一起明确参加比赛的目的，为即将到来的比赛制定行动大纲（按照当前掌握的情报材料来制定）。

第二，教师要熟知这一训练阶段中学生的训练水平、个性特点和心理状态。

第三，对于将要开展的比赛中的主要对手，教师和学生应有意识地收集相关信息。

第四，为了确保学生拥有正面的、具有社会意义的比赛动机，教师应该按照已经提出的、有普遍价值的任务编排训练大纲。

第五，教师不仅要锻炼学生的意志品质、比赛信念和战术思维之类的素质，还要特别重视学生面对各种困难时勇于克服和解决突然出现的、计划外的障碍的能力。

第六，教师和学生共同安排和决策比赛之前的心理训练和行动的详细大纲。大纲所考虑和涵盖的范畴应该包括完整的比赛过程。学生要尽可能地避免过度紧张的状态，所以应该适应训练过程中的条件。学生要想明确参加比赛的努力方向，就应该在训练中坚定不移、自始至终地践行上述具体任务，对于目的的最终实现抱有坚定的信念，拥有自我调节和自我控制心理状态的方法，尽快进入最佳竞技状态。

第七，在各个不同阶段的心理训练中，教师不仅有责任引导学生开展自我心理调节，还有以下四项主要任务：帮助学生积累、分析在比赛过程中所得到的新信息；和学生一起制订改变比赛中的行动计划，使之更为准确；保证比赛间隙中的休息；从学生在比赛中的心理特点出发，安排和筹划临场训练的措施，只有有条理地开展心理训练，才能合理应对复杂而艰巨的比赛任务。另外，还要尽量确保学生在完整的比赛流程中保持沉着冷静、乐观向上的心理状态。

此外，需要强调的是，一般心理训练和准备具体比赛的心理训练之间有着紧密的联系，二者都在为对方创造条件和基础。学生如果没有接受完整的、系统的准备具体比赛的心理训练，一般的心理训练就会失去方向性的效果，就无法帮助学生掌握真正发挥效力的策略，化解目前的心理矛盾状态，这样就会使得一般心理训练失去其应有的价值。反过来，如果脱离了一般心理训练，赛前的心理训练就容易失去稳定的基础，这样就无法收获良好的效果。

五、竞赛心理训练的原则

（一）自觉性和积极性原则

与其他方向和领域的教育训练一样，心理训练同样需要以学生充分的自觉性和积极性为开展的基础，不然无法真正收获理想的训练效果。心理训练要贯彻自觉性和积极性原则，教师要遵循以下几则准则。

首先，应使学生深刻了解心理品质对于完成训练任务和争取比赛胜利的重要意义；明确了解完成训练和比赛任务需要培养、改进、提高哪些心智能力和个性心理特征，同时明确训练的强度和最终成果应该达到何种程度。只有熟悉和理解了心理训练的目的、任务和意义，学生才能自觉地尝试开展自我解读、自我反思、自我把握、自我调节和自我提升，从而形成稳定的心理状态。

其次，学生的自觉性和积极性往往同其参加运动活动的动机和兴趣相联系。因此，要想贯彻自觉性和积极性原则，就要培养学生为祖国、为集体争取荣誉的社会动机和稳定的社会兴趣，尤其是训练心理的稳定兴趣。

最后，教师应和学生一起系统分析专项运动的心理方案、运动的心理特征，和学生一起讨论心理训练的计划、手段和方法及预期效果（教师常用的心理疗法除外）。

（二）全面训练原则

全面训练原则的“全面”体现在涵盖范围和联系性两个方面。一方面，心理训练的内容涉及心理过程、个性心理特征和心理状态等，但凡是学生可能具备的心理因素都需要接受系统化的教育与训练，学生为了圆满完成各种运动活动，必须首先掌握这些素质；另一方面，受到运动训练的任务和内容的影响，心理训练应该与其他各种类型的训练达成有机协调和内在联系，如战术训练、体能训练、技巧训练等，有时还要考虑加入适当的思想政治教育内容。

综上所述，必须全面地注意各个方面的联系和结合，教师和学生才能顺利并圆满地完成心理训练的任务。还有一点，在心理训练工作中还需考虑教育与训练条件及其他外在思想因素对学生精神状况形成的影响。

（三）循序渐进性和重复性原则

学生在接受心理训练的完整过程中，不管是训练的任务、内容、方法都需遵循顺应循序渐进、逐步提高的规律，这是为了最终取得理想的训练效果。具体来说，在比赛中不可操之过急，应该按照学生的承受能力逐渐提升心理负担训练和意志训练的难度，即时发现消极的心理因素并予以改正，不能要求一步到位。不管什么样的心理品质，都是学生经形成、改变和提高，在实践中反复进行而获得的。该原则的主要参考依据是事物发展的客观规律与教育训练的固有特征。心理训练同样要符合重复性原则的要求，需要开展反复的试验。

（四）个别对待原则

个别对待原则不仅是一种运动心理训练的原则，更是普遍教育应该遵循的法则，它的主要依据是事物发展的一般规律和特殊规律之间的辩证关系。之所以要在心理训练中发挥这一原则，主要是考虑每个学生的个性特点、心智能力、心理状态都有不同。如果不能准确具体地把握每个人的心理特点，就无法深入地探索每个个体的潜在可能性与个性特质，更不用说加以利用了。教师既要注意心理训练的共同规律，开展一般的方法对学生进行心理训练，也要按照不同学生的个性特点制定有针对性的策略，做到对症下药，借助一些特殊的方法，基于整体性训练的前提，适当进行个别对待。此外，由于学生的性别、年龄、运动经验和受训练的程度不同，教师在心理训练中还应考虑如何“区别对待”他们。

第三节　运动心理训练方法在竞赛中后期的调控

运动竞赛中后期是在特定环境下的比赛，有其特点、任务、对手、环境和方法。心理训练尽管与体育锻炼有相联系的一面，但其性质决定了它的特殊性。就心理角度而言，由于外界刺激的增强，导致学生有较强的心理压力，并通过学生的比赛行为表现出来，如畏惧心理、过分紧张心理、竞赛动机不端正、目的不明确、信心不足，甚至还有性格孤僻或情绪暴躁等现象。因此，调节和控制心理活动、克服心理障碍、实施心理训练成为广大体育教师和教练员必须关注和解决的问题。

一、运动竞赛中后期的心理训练的基本作用

“胜败乃兵家常事”，成功和失败两种状况往往是在运动竞赛中快速转换的，最终的竞赛结果很难仅仅通过表象来预判，因为比赛会受到对抗情况的烦琐构成要素、复杂变化和强烈起伏性等种种因素的影响，学生的情绪状态与各种各样的

高级社会性情感有着紧密的关联，如义务感、责任感、友谊感等。从上述的种种理论中可以发现，运动竞赛同样可以起到深入推进学生情感教育的功效。

运动竞赛的中后期的心理训练同样发挥着重要的作用。中后期竞赛本身就是运动活动中的一个相当激烈的环节，而这一时期的心理练习也能够在提升运动成绩方面发挥重要作用，同时可以深入地影响学生心理的形成和发展。当运动竞赛步入中后期之后，学生的心理起伏非常大，思维活动和潜意识有极度激烈、变化迅速、内容深刻等特点，这些心理活动是不能参考人们在日常生活、生产劳动或教学训练条件下的普通心理起伏的。运动竞赛不仅能衡量选手水平的高低，还能从各个方面锻炼其注意力的集中能力、感知能力、思维和想象能力，以及运动员身体的适应素质。

竞赛的比拼是多方面的，它考验的不仅仅是学生之间所进行的力量、技术和心理因素的较量，还要考验学生克服外在与内在不利条件的能力。这样看来，运动竞赛也是培养学生坚定、勇敢、自制力等意志品质的必要措施。

语言在训练指导和比赛策略中是十分重要的指挥要素。教师要从比赛的状况出发，把握作战双方各自的强项和劣势，选择、制定并实施战术任务的手段，估判行动的成效等都需要语言发挥作用，同时要求语言表达的准确性，能够体现学生对任务的理解程度。

因为体育竞赛的赛程和时间安排十分紧张，学生在极短的时间内给出应答行为时，语言的思维往往落在后面，所以语言往往是在完成行动之后才发生的。如战术行动成功完成后，学生会有肯定的语言：“这次做对了。”如行动不成功，则会有否定的语言：“不该这样做。”这时，学生的语言是很简练的，甚至是只用一个词。在运动竞赛中，语言的作用很大，主要有以下三个方面。

（一）定向作用

语言的定向作用在于估计情况。学生在估计临场情况时，不仅用内部语言对自己评述，还采用口头语言提醒同伴注意当前情况，如“右边锋出漏洞了”。这种提醒可以帮助同伴更加准确地估计情况。

（二）调节作用

语言的调节作用表现在战术情况不断变化的情况下，学生对所采取的决定作出修正，调节自己的行动。这种调节常以自我命令的形式表现出来，如“快些！”“稳住！”“注意假动作！”等。当预先制订的计划需要改变时，语言的调节作用更具有特殊意义。

（三）评价作用

在比赛中借助语言可以对同伴的行动进行评价，对发生的事件表达自己的情感，如赞扬、不满；也可以对自己的行动进行评价。如果运用语言即时适当，就可以正确交流思想情感，加强队内的联系，有助于提高战术行动的效果。

为应对中后期比赛而开展的心理训练的主要目标是让学生尽快地适应该次比赛，面对具体情况，学生能够快速酝酿最佳的心理准备状态，在比赛中尽量高效地、稳定地控制和调节自己的行动和情绪。大致的训练方向为，合理分析学生本人及其对手在比赛中的情况；引导学生理解、掌握并运用各种各样的方法，把控并根据需要改变自己的行动和情绪；明确参加比赛的目的；增强学生的信念和勇气。该阶段的训练主要引导运动员适当转移注意力，不可以过分地考虑比赛的最终结果，而是重点考虑为达到比赛目的应该采用什么样的具体方法。换句话说，作为一个合格的运动员，应该关注的是比赛的进程，而非仅仅关注比赛的的输赢与比赛名次。

中后期比赛的心理训练又称为短期心理训练，它与身体、技战术训练一样，需要专门的时间来进行，也就是说，学生应有一定的时间专门从事心理训练。由于学生的特点及比赛任务、任务规模的不同，中后期比赛的心理训练又可分为每次比赛前的心理调节、两次比赛间的心理训练、比赛后的心理调整等。近年来，许多运动项目的学生都很关注比赛动作正式结束之前的直接的心理调节，这些项目包括田径中的跳、跑、掷铁饼，举重，各种类别的体操、跳水、射击等。

直接心理调节一般包括三个阶段：第一阶段是点名前阶段（从准备活动结束后开始算起，直到裁判员点名结束）；第二阶段是点名后阶段（裁判员点名后到比赛正式开始的这段时间）；第三阶段是准备比赛阶段（进入准备比赛姿势到开始比赛动作）。其内容为，点名前阶段进行念动训练，想自己将要做的动作；点名后主要是通过呼吸练习、自我暗示保持镇静战斗的情绪；准备比赛阶段主要集中于开始动作。

特别值得注意的是，在中后期比赛的心理训练中形成比赛前的定势（定向）是很重要的，这时赛前定势的内容不应该是比赛成绩，而是比赛进程，即考虑做什么、如何做、什么时候做，少想比赛结果。

从上述心理任务中可以看出，心理训练的作用就在于加快学生各种心理品质的培养进程，促进学生个性心理特征的演变发展，通过各种方法和手段，确保学生随时保持或恢复稳定的状态，即使面对的是极度紧张的比赛和相当有限的条件，学生也可以比较自如地调节自己的心理状态；即时从疲劳状态中恢复过来，积蓄体力。另外，学生当然还可以通过心理训练医治甚至是根治某些之前就存在的心理障碍。

一般心理训练与中后期比赛的心理训练并非完全分开的两种训练，两者之间存在着彼此关联的联系。如果学生还未经历一般的心理训练，那么中后期比赛的心理训练就失去了稳固的基础，难以收到良好的效果；同样，如果不对学生进行中后期比赛的心理训练，那么就不可能给予学生有效的方法去解决当前的心理障碍，一般心理训练也就会失去它的意义。

二、肌肉、骨骼关节放松练习

（一）准备姿势

穿上保暖的衣服，选择安静、整洁、空气清新的屋子，坐在靠背椅上；上身挺直，双臂自然下垂，双手放在两膝上，椅子腿的高低与人的小腿长短适宜；平置双脚，整个脚掌置于地面，两脚在地面的间距要等于双肩宽度，小腿和大腿、大腿和臀部均应呈直角角度。学生稍微合拢双眼，随时关注自身的身体动作。

（二）上肢放松动作

首先，学生在手指上集中力量，紧握双手，缓慢平行抬高双臂，直至胳膊和身体之间的角度达成直角，此时动作暂停 1～2 秒；双手模拟牢握一根横杆的姿势，保持在胸前，双臂发力支撑，充分感受上肢的紧张触感。

其次，片刻后，如感受到两臂肌肉出现疲劳，则可以一点点把两手放在双膝上，这时就可以尽可能放松臂部和手臂的肌肉了，让上肢肌肉、关节韧带进入最放松的状态。

最后，按照上述流程重复练习上肢放松动作 1～3 次。

（三）胸腰部放松动作

首先，尽可能地直起腰部，使胸部前挺，这时胸腰部的肌肉和脊椎关节都要维持紧张状态，一直持续一两秒钟，在这期间充分感受肌肉紧绷时的状态。

其次，胸腰部的肌肉和脊椎关节逐渐松弛下来，肌肉关节从紧绷状态一点点进入放松状态。

最后，按照上述流程重复练习胸腰部放松动作 1～3 次。

（四）下肢放松动作

首先，使出最大的力气用两脚踩踏地板，使下肢肌肉及膝、足、髋关节处于紧张状态，臀部似有离地抬起的感觉，并停留一两秒钟，体会下肢紧张感觉。

其次，缓缓放松下肢，使肌肉、关节放松，体会松弛感觉。

最后，按照上述流程重复练习下肢放松动作 1～3 次。

（五）颈部放松动作

首先，头部发力，收起下颌，抬高颈部，保持颈部肌肉和关节的绷紧，坚持一两秒钟，感受颈肌紧张的感觉。

其次，颈部的肌肉和关节都可以逐渐松弛泄力，颌部上仰，感受颈部逐渐放松的感觉。

最后，按照上述流程重复练习颈部放松动作 1～3 次。

此项练习的初学者需要练习 15～20 分钟，教师讲解示范 10 分钟，共 25～30 分钟，以后根据学生的掌握情况，可缩短练习时间为 5～7 分钟。放松动作的基本要领是：肌肉感觉要由紧到松；要有意识地控制动作；进行主要的紧张和放松动作；练习要循序渐进，不可急于求成。

三、呼吸调节练习

准备姿势通常采用与放松运动一样的坐姿，用腹式呼吸方法。如果饭后或运动后练习，宜稍休息一段时间，待有机体恢复正常不妨碍消化时再进行。

首先，通过鼻孔吸气，保持舒缓的节奏，让胸腔和腹腔尽量充气，吸气时间遵循个人的体能特征而一点点延长。

其次，在完全吸足气之后，略微停顿1秒钟时间，再用鼻孔渐渐地呼气，使腹腔缓慢地收缩，等到空气完全被呼出后，再进行下一次吸气，一呼一吸共15秒左右。

最后，按照上述流程重复练习1～3次。

呼吸调节练习，初学时一般需要练习15～20分钟，教师讲解示范10分钟，共25～30分钟。

四、回忆技术动作表象的练习

第一，准备姿势。让学生在椅子上进行恢复性的肌肉放松、呼吸减缓、注意转移等练习，以恢复身心力量。

第二，根据学生的所学专项训练内容，选择一个较复杂的技术动作进行表象训练。练习前要明确指示学生确定练习的具体动作、回忆技术动作的基本方法、要领，然后进行表象练习。

第三，回忆技术动作的表象训练，要先从回忆技术动作的外部形象开始，使动作形象逐渐连贯而稳定地呈现在头脑中。

第四，进一步要求学生在表象中，回忆关键性的技术动作、动作结构和练习等。

第五，回忆技术动作的表象训练，时间不宜过长，一般控制在5～7分钟，加上恢复性训练时间一般约30分钟。

第六，撰写练习报告和使用记录仪器。对上述心理训练基本方法的练习，要由教师指导学生写出书面练习报告，练习报告应包括学生基本情况、练习时间、地点、次数、主要指标数据和自我感觉等内容。上述练习可利用心率遥测仪监测学生练习时的心率变化情况，一般至少测定练习前、练习中、练习后三种数据，有条件的还可以利用半导体点温计测定皮温，用肌电生物反馈仪测定肌电反馈等。

五、目标设置训练

（一）目标设置中的五对重要关系

1. 长期的目标和短期的目标

希望和梦想是比较朴实的概念，日常生活中几乎所有人都会表现出对某些特定事物的渴望与追求。然而，这些并不能等同于明确意义上的目标。希望与梦想，从本质上来看，都会持续相当长的一段时间，并且具有普遍性。相对而言，目标在比较近的时期内实现，是对当前行为的一种指引。

短期目标的指引效果是最明显的，对人的行动最容易产生直观、快捷的推动效果。不过，这些短期目标存在的前提是要有长期目标的引导。在长期目标的引导下，行动才能收获更理想的效果。

2．精确的目标和模糊的目标

精确的目标应该符合精准、实际、允许数量分析等要求。因此，这类目标能够非常直接地激发一个人的行为动机。至于模糊的、无法进行数量分析的目标则少有激发动机的作用。

3．具体目标和一般目标

根据一系列心理研究的结果，部分学者得出了这样的结论：在完成一些简单任务时，相较于设置一般目标而言，设置具体的目标能收到更好的成效，产生更理想的结果。不过这种规律对于复杂任务是很难产生效果的，也就是说，具体目标和一般目标对成绩的影响并不存在明显的差异。

4．现实的目标和不现实的目标

现实的目标具有现实依据和可操作性，不管其实现要付出多么大的代价，经过多少艰苦努力，我们依然认为它是可以实现的并且也是值得付出努力的；不现实的目标是完全不可能被实现的，不管人们投入多少成本和努力，最终的结果都是徒劳的。

值得追求的是那些虽然难度极高、挑战性很强，但依然可以通过不懈努力实现的现实目标，它们能更有效地激发人们的行为动机。按照这一规律应该为自己设立可行性强、符合实际的目标。

基于现实目标的需求和引导，付出者只要耐心经过一段时间的努力，就有希望迎来一定的成功，这些成就会自然而然地增强人们的兴趣和自信心，体育活动当然也不例外。

学术界有一种影响力很强的观点认为，人的自信心受到四种因素影响，即过去成功的经验、对别人成功的了解、自我劝导及对自己当前生理状态的评价。其中最重要的就是第一点，因为成功就是目标的实现。学生所达到的目标越多，所体验到的成功感就越强，自信心也就越强。因此，在体育课的学习中将长期目标转化为现实的、具体的中期目标和短期目标是极其重要的。

5. 任务定向的目标和自我定向的目标

在实际的体育教学或训练中，教师、教练员需要尝试为学生或受训练者营造一种高任务定向的气氛，这主要是为了协助其养成良好的个性，引导塑造独立的人格。具体可以从以下三个方面入手。

首先，教师、教练员应该激发和引导学生或受训练者设置任务定向的目标。

其次，还要尽可能地将学生或受训练者体育成绩的提高程度作为评价他们进步的基础，即多进行个人比较的评价，反之，不能过多采用横向比较的评价方法。

最后，有必要突出和认可个人努力的价值和作用，不要过分强调个人的先天因素。

（二）目标设置中需要注意的问题

1. 对目标的接受和认同

为了使得设置的目标发挥应有的作用，目标的决策者要从内心认可并且接受这个目标，也就是要将自己全部的精力投入目标实现的活动中去。投入的程度越高，实现目标的可能性也就越大，从目标设置中的获得的收益也就越大。这其中的大致规律为，如果目标在学生看来是现实的、有价值的，那么其具体难度和操作表现的关系是线性的，目标的要求越高，学生的操作成绩越好。反之，如果学生认为所定目标不够现实，不能接受，那么目标难度与操作表现之间同样呈现线性的关系也是可能的，目标越难，操作成绩越不尽如人意。不过，可以想象的是，那些几乎不能实现的高目标并不一定会使操作成绩下降，之所以存在这种现象，可能是因为研究对象仍旧对所定目标没有全盘否认或持悲观态度，仍然有一定的归属感和投入。

2. 即时反馈，了解结果

学生要随时掌握自身的即时状况，将已经取得的成绩和事先确定的目标相比较，检验目标完成程度或进度差距，这样能够促进目标的调整和动机的唤醒。

3. 目标的公开化

公开化的高认知度目标能够在一定的社会范围内对人们产生积极的影响，如发挥社会监督效力，为全社会发展带来强大的推动力。同时，目标制定者自身也会受到社会舆论、社会氛围等的影响，为实现目标而更加努力。

4. 目标的多极化

随着社会的多元化发展，人们越来越容易因学习和工作而面对种种形势复杂、竞争激烈的局势或环境，承受相当大的心理压力。这样一来，为了缓解心理压力，人们通常倾向于在完成任务之前设立多级目标。多级一般应不超过如下三级。第一级是最理想的目标，这类目标需要人们付出全力甚至超水平发挥，才能实现。第二级是最现实的目标，一般指人们正常发挥便能够实现的目标。第三级是最低目标，顾名思义，也是最容易实现的目标。人们不需要为之付出太多努力，即使出现一些无法预料的意外情况，也能达到目标。

设置多级目标主要是为避免参与者设置那种“不成功便成仁”式的单一目标，以免其承受过大的心理负荷。虽然这样能加速促进现实目标的达成，但是，如果目标级数太多，目标本身也就失去了其动机作用。

第四节　竞赛前中后期和恢复期的心理训练方法

一、竞赛前期放松训练

（一）放松训练

放松训练是以一定的暗示语集中注意、调节呼吸，使肌肉得到充分放松，从而调节中枢神经系统兴奋性的方法。目前普遍采用的是美国生理学家埃德蒙·雅各布森（Edmund Jacobson）首创的渐进性放松方法、德国医学博士舒尔茨（Schult）提出的自律训练法、中国传统的以深呼吸和意守丹田为特点的松静气功与三线放松方法。各种放松练习方法的共同点是：注意力高度集中于自我暗示语或他人暗示语，深沉的腹式呼吸，全身肌肉的完全放松。[①]

① 李明，曹勇．体育运动心理训练理论与实践[M]．武汉：中国地质大学出版社，2015.

（二）放松训练的作用

大脑与骨骼肌具有双向联系，信号不仅从大脑传至肌肉，也从肌肉传至大脑。从运动器官向大脑传递的神经冲动，不仅向大脑报告身体情况，而且也能引起大脑兴奋。因此，肌肉活动积极，从肌肉往大脑传递的神经冲动就多，大脑就更兴奋，准备活动就能起到这种作用。反之，肌肉越放松，向大脑传递的神经冲动就越少，大脑的兴奋性就降低，心理上便感受不到那么紧张了。

放松练习后，大脑呈现一种特殊的松静状态。此时，人的受暗示性极强，对言语及其相应形象特别敏感，容易产生符合言语暗示内容的行为意向。总的来说，放松练习的作用如下：降低中枢神经系统的兴奋性；降低因情绪紧张而产生过多的能量消耗，使身心得到适当休息并加速疲劳的恢复；为进行其他心理技能训练打下基础。

全身各部位肌肉放松，中枢神经系统处于适宜的兴奋状态、注意力高度集中是许多心理调整练习的基础。这种放松状态是放松训练的主要目的。

（三）自生放松训练程序

1. 预备姿势

舒适地坐在一张椅子上，胳膊和手放在椅子的扶手或自己的腿上，双腿和脚取舒适的姿势，脚尖略向外，闭上双眼；或者仰面躺下，头舒适地靠在枕上，两臂微微弯曲，手心向下或者在身体两侧，两腿放松，稍微分开，脚尖略朝外，闭上双眼。

2. 自生放松练习

自生放松练习要在他人指导语或自我指导语的暗示下缓慢地进行，常用的指导语如下。

①平静而缓慢地呼吸，我的呼吸很慢、很深。

②我感到很平静。

③我感到很放松。

④我的双脚感到了沉重和放松。

⑤我的踝关节感到了沉重和放松，我的膝关节感到了沉重和放松，我的双脚、踝关节、膝关节、臀部全部感到了沉重和放松。

⑥我的腹部、我的身体的中间部分感到了沉重和放松。

⑦我的双手感到了沉重和放松，我的手臂感到了沉重和放松，我的双肩感到了沉重和放松，我的双手、双臂、双肩全部感到了沉重和放松。

⑧我的脖子感到了沉重和放松，我的下巴感到了沉重和放松，我的额部感到了沉重和放松，我的脖子、下巴、颈部全部感到了沉重和放松。

⑨我整个身体都感到了安静、沉重、舒适、放松。

⑩我的呼吸越来越重，越来越慢。

⑪我感到很放松。

⑫我的双臂和双手是沉重和温暖的。

⑬我感到十分安静。

⑭我的全身是放松的，我的双手是温暖的、沉重的。

⑮我的呼吸越来越深，越来越慢。

⑯我的全身感到安宁、舒适和放松。

⑰我的头脑是安静的，我感觉不到周围的一切。

⑱我的思想已专注到身体的内部，我是安闲的。

⑲我的身体深处，我的头脑深处是放松、舒适和平静的。

⑳我是清醒的，但又处于舒适的、安静的、注意内部的状态。

㉑我的头脑安详、平静，我的呼吸更慢、更深。

㉒我感到一种内部的平静。

㉓保持 1 分钟。

㉔放松和沉静现在结束。深吸一口气，慢慢地睁开双眼，我感到生命和力量流通了我的双腿、臀部、腹部、胸部、双臂、双手、颈部、头部。这种力量使我感到轻松和充满活力。我恢复了活动。

（四）渐进放松练习程序

1．准备姿势

准备姿势可参照自生放松练习程序选择。

2．渐进放松练习

①请注意聆听以下指示语，它们会有助于提高放松能力。每当我停顿时，继续做刚才正在做的事。好，轻轻地闭上双眼并深呼吸 3 次。（10 秒）

②左手握紧拳，握紧，注意自身感觉。（5 秒）现在放松。（5 秒）

③再一次握紧左手，体会一下感觉到的紧张状况。(5秒) 再来一次，然后放松并想象紧张从手指上消失的情形。(5秒)

④右手紧紧握拳，全力握紧，注意手指、手和前臂的紧张状况。(5秒) 好，现在放松。(5秒)

⑤再一次握紧右拳，左手臂弯曲使二头肌拉紧，紧紧坚持着。(5秒) 好，全部放松，感觉暖流沿肱二头肌流进前臂，流出手指。(10秒)

⑥左手紧紧握拳，抬起手，使肱二头肌发紧，紧紧坚持着。(5秒) 好，全部放松，感觉暖流沿肱二头肌流经前臂，流出手指。(10秒)

⑦右手紧紧握拳，抬起手，使肱二头肌发紧，紧紧坚持着，感受这紧张状态。(5秒) 好，放松，集中注意这感觉流经手臂。(10秒)

⑧请立即握紧双拳，双臂弯曲，使双臂全部处于紧张状态，保持姿势，想一下感觉到的紧张。好，放松，感觉整个暖流流过肌肉。所有的紧张流出手指。(10秒)

⑨请皱眉头，并使双眼尽量闭小（戴眼镜的人要摘掉眼镜）。要使劲眯眼睛，通过额头和双眼感觉到这种紧张。好，放松，注意放松的感觉流过双眼。好，继续放松。(10秒)

⑩好了，上下颚紧合在一起，抬高下巴使颈部肌肉拉紧并闭紧嘴唇。(10秒)

⑪现在，各部位一起做。皱起额头，紧闭双眼，使劲咬上下颚，抬高下巴，拉紧颈部肌肉，紧闭双唇。保持全身姿势，并感觉到紧张贯穿前额、双眼、上下颚、颈部和嘴唇，保持姿势。好，放松，请全部放松并体会刺痛的感觉。(10秒)

⑫现在，尽可能地使劲把双肩往后举，一直感到后背肌肉拉得很紧，特别是肩胛骨之间的地方。拉紧肌肉，保持姿势。好，放松。(10秒)

⑬重复上述动作，同时把腹部尽可能往里收，拉紧腹部肌肉，感到整个腹部都被拉紧，保持姿势。(5秒) 好，放松。(10秒)

⑭再一次把肩胛骨往前推，腹部尽可能往里收。拉紧腹部肌肉，拉紧的感觉贯穿全身。好，放松。(10秒)

⑮现在，我们要重复曾做过的所有肌肉系统的练习。首先，深呼吸3次。(10秒) 准备好了吗？握紧双拳，双臂弯曲，把肱二头肌拉紧，紧皱眉头，紧闭双眼，咬紧上下颚，抬起下巴，紧闭双唇，双臂向前举，收腹，并用腹肌顶住。

保持姿势，感觉强烈的紧张贯穿上述部位。好，放松。深呼吸 1 次，感到紧张消失。想象一下所有的肌肉都松弛——手臂、头部、肩膀和腹部。放松。（10 秒）

⑯现在轮到腿部，把左脚跟紧紧靠向桌子，努力往下压，抬高脚趾，结果使小腿和大腿都绷得很紧。紧抬脚趾，使劲蹬紧后脚跟。好，放松。（10 秒）

⑰再一次，把左脚跟紧紧靠向椅子，努力往下压，抬高脚趾，结果使小腿和大腿都绷得很紧。紧抬脚趾，使劲蹬紧后脚跟。好，放松。（10 秒）

⑱接着，把右脚跟紧紧靠向椅子，努力往下压，抬高脚趾，结果使小腿和大腿都绷得很紧。紧抬脚趾，绷紧后脚跟。好，放松。（10 秒）

⑲双腿一起来，双脚后跟朝椅子紧压，压下双脚后跟，尽力使劲抬高双脚趾，保持姿势。好，放松。（10 秒）

⑳好，深呼吸 3 次。（5 秒）正像练习的一样，把所有练习过的肌肉都拉紧，左拳和肱二头肌、右拳和肱二头肌、前额、眼睛、颚部、颈肌、嘴唇、肩膀、腹部、右腿、左腿，保持姿势。（10 秒）深呼吸 3 次，然后从头到尾再做一次，接着全部放松。在深呼吸后全部绷紧，接着又放松的同时，注意全部放松后的感觉。

㉑放松和沉静的练习现在结束。深吸一口气，慢慢地睁开双眼，我感到生命和力量流通了我的全身。这力量使我感觉到轻松和充满活力。我恢复了活动。

（五）使用放松的时机

一旦比较熟练地掌握了放松方法，就可在下列情况使用。

①表象练习之前。有助于集中注意力，使表象更为清晰、逼真、稳定。

②体育课结束后或临睡前。有助于消除疲劳，使身心得到充分休息。

③体育测验或体育比赛前过于紧张时。有助于降低能量消耗，使唤醒水平处于最佳状态。心理恢复是恢复过程的重要环节，它与身体恢复相结合才能真正保证恢复的效果。同时，即时的恢复还可以有效地避免或减少运动创伤的发生。因为大部分伤害事故都是由于学生做动作时精神恍惚或情绪紊乱造成的，所以要对恢复给予高度的重视并采取有效的措施，这是保证科学化训练的重要环节。

二、竞赛前期模拟训练

竞赛前期模拟训练实际上是一种适应性训练，又被称为针对性训练。模拟训练主要是为学生参加比赛做好适应性准备，使他们对于容易引起精神过度紧张或动作失调的各种刺激逐步产生适应，从而提高运动员在比赛情境中的抗干扰能力，帮助运动员始终保持一个比较稳定的心理状态去参加比赛。

（一）模拟训练的形式

1. 实景模拟

在训练中复制比赛的条件，如对手、裁判、观众以及比赛规则等。有时也可以设置更困难的条件进行训练，也可以模拟不同的比赛局面，如比分落后时、比分相近时或比分暂时领先时等情况，培养学生无论在何种情况下都能保持清醒的头脑和稳定的情绪。

2. 语言模拟

利用语言和表象在头脑中描绘未来比赛的情景，想象比赛时可能遇到的各种情况，并采取有效的方法去处理。例如：划船运动员想象自己在比赛中如何面对风向的改变而保持有效的划桨频率；体操运动员如何面临观众的吼叫或裁判的不公而保持稳定的情绪；等等。

（二）模拟训练的内容

1. 气温

在不同的气温下进行比赛。气温高时注意怎样保存能量，气温低时注意怎样充分热身。

2. 风向和风力

对于室外运动项目来说，风向和风力的变化都会对比赛发挥有一定影响。因此，学生必须适应不同的风向和风力。

3. 时间

学生出国比赛要适应时差，在没有时差的场地也要适应不同的比赛时间安排。无论上午、下午或晚上比赛，其都要能保持良好的竞赛状态。

4. 场地和器材

比赛时的场地和器材很可能不同于平时训练所用，学生必须尽快适应不同弹性、不同硬度或不同环境的场地和器材。

5. 对手

对抗性运动项目的学生面对不同的对手，尤其是对手的打法特点不同，一定要尽快调整自己的战术、对策，以便适应对手的打法，克敌制胜。另外，对手的强弱、身材，甚至性格特点，运动员都应当熟悉并适应。

6. 裁判

裁判是比赛的执法官。但有时裁判的判决也会有误，无论是有意或无意的误判，学生都不能当场顶撞。因此，在比赛进行中不要因裁判的判决不公而影响情绪，要一如既往地争取后面比赛的胜利。

7. 比赛局面

只要比赛没有最后结束，比赛进程的局面都会出现以下三种情况。

第一，暂时领先。这时要保持头脑清醒，情绪稳定，把注意力保持在具体的动作操作中，不急于求成，不必过多考虑胜利的结果，因为还不到时候。

第二，暂时落后。这时要充分相信自己还有争取胜利、改变局面的机会，只要自己继续拼搏、抓住战机、变换战术，局面一定会向好的方面发展，要以坚定的信心争取反败为胜。

第三，比分持平。这时一定要保持头脑冷静，切忌急躁、蛮干，要以一颗平常心来对待。既要保持信心，又要集中注意正在进行的每个动作的最佳操作，同时要以强大的气势争取比赛的主动权。

（三）模拟训练应注意的几个问题

①模拟训练的效果有赖于学生较强的语言和表象能力，因此做好放松和表象训练是有效进行模拟训练的基础。

②模拟训练可以贯穿在平时训练中，但比赛之前更要加强。

③在具备一定模拟能力的基础上，可进行超量模拟训练。当适应了超量模拟训练的刺激后，对于正常遇到的各种情况就会更快更好地适应和处理。

④在语言模拟中，在想象到各种复杂情景的同时，一定要想到对策及成功适应的方法，也就是要考虑到所期待的情况，以便增强信心。

⑤实景模拟和语言模拟要结合进行。因为实景模拟的效果直接，而语言模拟简单易行，不需更多的条件，随时随地都可进行。

⑥模拟训练也应有计划地系统进行。

三、竞赛前中期注意力训练

（一）注意力训练的目的

注意力训练的目的包括抵抗内外干扰、提高自我控制能力，使大脑更机敏、反应更迅速、动作更灵活；让学生能够专心于运动表现，有利于其技术水平的发挥；使学生训练目标更清晰，从而提高训练的效果；有助于防止体育伤害事故的发生等。

（二）集中注意力的主要条件

①简单、明确、具体、可行且富有挑战性的目标。

②大脑清醒，思维有序。

③多感觉动作，少分析评论。

④把注意由外部转向内部，由环境到身体，由浅层到深层。

⑤克服悬念，即不确定性思维，如“是否”“好像”等。

⑥相对稳定的情绪状态。

（三）集中注意力练习的方法

1. 根本途径

控制大脑，增强心理技能。

2. 具体方法

（1）利用视觉集中注意

设置一个视觉目标，静止或活动的目标都可以，如墙上的图画、远处的树梢、前方的灯光等。然后，注视这个目标，并持续一段时间。随着注意稳定性的提高，持续的时间会逐渐延长，集中注意的能力也自然会提高。人在练习过程中也许会分心，但必须即时调整，重新回到应注意的目标上来。

（2）利用听觉集中注意

设置一个听觉目标（声音），集中注意去守住这个声音并持续一段时间，以此来锻炼集中注意的能力。设置声音目标可用两种方法：一种是从自然环境中选择一个现实的美妙的声音作为目标；另一种是利用收音机或录音机，调出一个刚刚能听见的音量作为目标，同时还可以去辨别声音的变化。

（3）利用呼吸集中注意

利用呼吸集中注意是用呼吸将大脑和身体有机地联系起来。这时注意的目标应当是呼吸的动作和过程，可以想象所吸入的气是怎样在体内运行，又怎样一步步排出体外的。当把注意集中在呼吸及由此带来的能量变化时，人的注意力和想象力都会有所提高。随着对呼吸过程感觉的增强，注意力也就会更加集中。

（4）利用想象集中注意

利用想象集中注意是充分利用大脑的想象力来提高、集中注意力的方法。我们首先要为大脑布置一个环境，可以先做一节放松练习，以消除身心的紧张，使大脑逐渐入境，然后可以设置一个想象中的目标，用意念去守住这个目标，也叫“意守”。这个目标可以是自己身上的某个部位，如脐下的丹田、足底的涌泉穴部位等；也可以是想象中的一件物品、一幅图画等。

四、竞赛后期和恢复期放松训练

（一）竞赛后期和恢复期放松训练的主要作用

放松训练的主要作用为，缓解情绪紧张，降低心理压力；提高肌肉的感知觉能力；有助于消除疲劳，加速恢复过程；增强自我调节控制情绪的能力；培养集中注意能力，为表象训练创造一个适宜的心理状态等。

（二）竞赛后期和恢复期放松训练的原理

在进行放松训练时，通过意识与骨骼肌感觉之间双向联系的反复沟通，使中枢神经系统对身躯的调节支配途径进行进一步流通，从而提高大脑的调控功能。放松、入静等词语暗示和肌肉的放松感都有利于降低大脑的兴奋水平，进而缓解紧张情绪，加速身心恢复。

（三）竞赛后期和恢复期放松训练的步骤

一般来说，竞赛后期和恢复期放松训练可按照以下步骤进行。

第一，准备动作。选择姿势，以舒适放松、全身肌肉都不费力为准，仰卧、半仰卧、靠背坐、站立姿势都可以做，但通常采用靠背坐姿较多。

第二，开始动作。全身放松坐好，轻轻闭合双眼，想象自己正处在一个非常舒适宁静的环境中。

第三，调节呼吸。变正常的呼吸为慢速、加深、均匀而自然的腹式呼吸，呼气时尤其要放慢并完全。

第四，松感阶段。在语言的诱惑下，按照从右到左、自上而下、先四肢后躯干的顺序体验肌肉放松的感觉。

第五，热感阶段。按上述同样的顺序，在语言的诱导下体验身体各个部位温暖的感觉。

第六，静感阶段。去感觉前额清凉，内心平静，周围没有任何刺激和干扰，只听见自己的呼吸和心跳的声音，宁静而舒适。

第七，松静状态。全身心进入放松入静状态，肌肉放松，心情愉快，在这种状态下充分分享和体验。

第八，结束训练。如果只进行放松训练，这时就可以慢慢打开双眼，会感到眼前的一切更加清晰，当恢复到正常状态时，放松训练自然结束。

（四）竞赛后期和恢复期放松训练的时间

放松训练应当坚持系统练习，最好每天做 1～2 次，每次 10～15 分钟。每次放松训练可根据不同的目的选择适宜的时间。

第一，临睡前做。其主要目的在于促进睡眠，加速恢复。

第二，训练课后做。其主要目的在于加速消除疲劳，也可以为表象训练做准备。

第三，学习新动作或高难度动作之前做。其主要目的在于稳定情绪，集中注意力。

第四，表象训练之前（选择一个能够安下心且头脑清醒的时间）做。其主要目的在于为更清楚的表象动作创造一个良好的心理状态，以保证完整心理训练过程的效果。

第五，比赛前过于紧张时做。其目的在于缓解紧张情绪，降低能量消耗，使唤醒水平处于最佳状态。

五、竞赛前中后期生物反馈技术训练

（一）生物反馈的作用

①加强练习者自我了解和自我评价的客观性与准确性，以便使练习者更有目的地调节和控制自己的身心行为。

②提高肌肉的感知觉能力，增强练习者的内部认知水平。

③有助于练习者自我控制能力的培养，尤其是情绪控制能力的提高。

④提高练习者接受心理训练的动机水平。

⑤有利于消除精神的过度紧张，加速恢复过程。

⑥客观评价和监测心理训练的效果，增强心理训练的科学性。

（二）生物反馈的原理

根据生理学的交感神经中的交感神经和副交感神经活动的双向联系，以及植物性神经系统机能与情绪状态的变化息息相关的特点，对于植物性机能的调节就可以有效地改变人的情绪状态。然而，人对植物机能进行控制是一件难度很高的事。因此，我们如果能先把生理活动的信息显示出来，那么对这些生理活动的调节和控制将会一步步实现。

（三）生物反馈训练常用的生理指标

①额部肌电变化：放松时肌电值降低，兴奋时升高。

②手指、皮肤导电性变化：放松时导电性降低，兴奋时升高。

③手心或手指皮肤温度变化：放松时皮肤温度升高，兴奋时降低。

④手指血容量变化：放松时波幅低而振幅高，兴奋时反向变化。

⑤心率：放松时心率慢，兴奋时加快。

⑥呼吸：放松时频率降低，深度增加，兴奋时反向变化。

（四）生物反馈技术训练应注意的几个问题

①要有比较先进可靠的仪器设备。

②生理指标的选择要由较敏感的指标开始，并逐步完善。

③训练要循序渐进，一步步进行，不能急于求成。

④注意对练习者所出现的细微变化要给予充分的肯定和鼓励。

⑤训练手段要由易到难，系统进行。

六、竞赛前中后期思维训练

（一）人的思维活动特点

思维是人类大脑的主要功能之一。人只要有一个健康的大脑，就应当具有正常的思维能力。也就是说，人人都会有思想，然而每个人思想的方法和内容却很不一样。有人想问题、看问题比较全面，而有些人却很偏激、片面或狭隘；有人碰到问题从积极方面看得比较多，所以情绪乐观、办事积极；而有人可能总是从消极方面看问题，因而往往悲观失望、情绪消沉。不同的思维方式和内容往往影响着人的态度和行为。

当学生能够充分看到自己的有利因素时，他就会满怀信心地面对比赛；而在他总想自己有什么弱点，对手有什么长处时，他就会情绪低沉、缺乏信心，甚至不想参加比赛。这是因为当人的思维内容发生改变时，其态度和情绪也会跟着改变。因此，拥有正确的思维，善于运用积极的思维对学生比赛的成功尤为重要。

积极思维，也叫理性思维，是指积极地、客观地、全面地分析问题和认识问题的过程。凡事都可以从两个方面去看待，也就是所谓的辩证法。从积极的方面去看，会产生积极的思维；从消极的方面去看，就会产生负性思维。我们要辩证地看问题，又要善于用积极的态度去认识问题、分析问题。这样做才能获得一个乐观的情绪，也才能拥有一个健康的心理。要做一个乐观主义者，就是要乐观地看世界，积极坦荡地看人生。

（二）学生比赛前中后期和恢复期形成正确思维的要点

1. 简明的思维

比赛前的思维要简单明了，切勿想得太多。因为过多的思维内容必然会分散学生的精力，有时还会使学生手足无措。所以，要抓住动作的关键要领，集中想最重要的技术或战术环节。简单明确的思维会使学生在比赛时的注意力更加集中。

2. 具体的思维

就算已经正式开始比赛了，学生也不必过多地去考虑比赛的最终胜负，这时最关键的考虑方向还是具体的技术动作操作过程、真实的动作感觉，还有比赛对技术操作的具体要求。无论什么样的结果，都是由过程而来的，只有杰出的运动表现才能争取优秀的比赛成绩。每一个学生都该认识到成功并非表面上的结果，而是体现在过程之中的。

3. 积极的思维

积极的暗示是学生调整心态时必不可少的环节。因此，学生可以在赛前在头脑里表象一些成功的实例，再现有积极感召意义的操作情景。反之，不能过度地考虑从前掌握不娴熟的技巧或者失败的实例，哪怕面对种种困难，也不能放弃希望，要以乐观的态度去面对，并积极地思考应对的办法和策略。学生要有意识地让积极的思维充满自己的头脑，唤起成功的实例。这样一来，学生对比赛的自信就会自然而然地被激活。

4. 有序的思维

学生在比赛前很容易产生紧张畏难等心理。过度紧张会使运动员感到身体紧绷而不适，正常的脑内活动出现混乱。要想尝试厘清自己的思绪和心理活动，首先需要放平心态，保留心理活动中积极且理智的部分，摒弃所有消极和无关的心理活动成分。其次再按照有序的逻辑整理这些思维内容，直白地说，就是学生本人应该清楚在什么情况下应该考虑什么内容，条理清晰的思维能促使学生的行为向更合理、更顺应程序化要求的方向发展。思维调节活动能够帮助学生适当地脱离一些来自外部的干扰，将所有的精力集中在技术、战术能力的正常发挥上。

（三）积极思维的形成

积极思维主要通过学生合理的自我控制、即时的自我调节来形成。下面介绍几种有利于形成积极思维的调节方法。

1. 学会运用积极的语言暗示

在培养积极思维的过程中，正面的语言暗示是必不可少的。学生应该采用肯定式的语言来展开逻辑思维，多使用类似“我一定可以……”“我要做到……”“我希望……”的句式。除此之外，还要尽量避免使用否定性的、有消极意味的词语，尝试用一些积极的词语。例如，如果学生想说的是“别慌张！”，则可以用“放松！”“镇定！”之类的话来代替，尽量不采用负面词汇；不去想“我很累”，而是去想“我还有力量”；用“我还可以继续！”代替“不要停下来啊！”；等等。

2．养成表象成功的习惯

每个学生在以往的训练和比赛中都有过成功，也有过失败。首先要做到的是即时抓住成功，并把它印在脑子里。也就是说，在有了成功的操作后，一定要即时地在脑子里重现一遍或几遍，这就是表象成功。如果没有这样做，那成功很可能会悄悄地从身边溜走。因此，要养成表象成功的习惯，使脑子里充满积极的思维。

3．学会自我谈话，主动向负性思维挑战

当头脑里出现负性思维时，可以试着跟这些负性思维展开辩论，向它挑战。例如，比赛时遇到了坏天气，可能会想：“我真倒霉！会不会影响我的技术发挥呢？”这时应当和这种消极思维辩论：“天气不好没关系，我多做准备活动使身体发热，会更好地发挥水平！”这种自我谈话能有效地降低负性思维带来的影响。

4．即时终止消极思维

当感到难以摆脱负性思维时，不妨试着命令自己“停止！”然后去想其他事情，让消极思维被迫终止，等到心情稍微平静时再唤起积极思维。

5．克服悬念

有些学生在面临重大比赛或遇到困难时往往会产生一些自我怀疑的想法，这些想法可能包括“我接下来该怎么样？”“我是不是能做到？”“我有没有可能……”等。这些问题都带有明显的质疑色彩，本质上对学生的心理变化是不利的。之所以这样说，主要是考虑比赛环境的特殊性，因为时间相当紧迫，疑虑心态会大大延长决策时间，而体育赛场上的机遇又是稍纵即逝的，这样很容易使学生错过最佳的反击时机。所以，学生在决策时必须当机立断，并且果断的决策在很多情况下也是最合理的。由此可以看出积极思维对学生的重要性。

6．为消极思维寻找积极对策

消极思维往往是由一些难以解决的问题或遇到的困难太多造成的。如果学生能够想办法解决这些问题，并感到有能力克服这些困难时，那么消极思维也就自然会转变。要记住一句话：“办法总比困难多。”因此，学生不能只看到问题和困难的一面，更重要的是去寻找解决问题的办法，要为消极的思维寻找积极的对策。学生在比赛时，可以先把可能遇到的问题列出来，然后逐一地制定出相应的策略。比赛前还要切记：把担心变成希望，把犹豫变成决心，把空想变成行动，把疑惑变成自信！

如能做到上述几点，学生就能比较容易克服负性思维的干扰，形成积极的思维状态，进而也就达到了思维训练目的。

七、竞赛后期和恢复期表象训练

（一）表象训练的基本功能

表象训练的基本功能包括帮助学生夯实已经掌握的运动技术与比赛战术，使其达到熟练的程度；加快运动技能的学习；在需要时激发必要的生理反应，增强学生的唤醒能力、成功意识和比赛信心，提高训练的效果，激励学生超水平发挥，培养运动员集中注意的能力，等等。

（二）表象训练的原理

从中枢神经活动过程中条件反射所提出的理论结果和经验总结来看，人即使仅仅是在头脑中回想体育动作，也一样可以起到强化条件反射的作用。所以，表象训练有利于构建并巩固正确的动力定型，加深动作记忆。这些手段不但可以针对成功动作的重复表象产生动员效果，还能够提升学生参与比赛的热情和信心，唤起学生内心深处的参赛动机。

（三）表象训练的实施

1．表象的形式

内表象的转化是从外表类似开始的。具体来说，就是学生先看自己做动作，逐渐产生自己正在做动作的感觉。例如，就好像看电影的观众经过一定时间的积淀和思考，掌握了一定的舞台技巧，好像自己也可以亲自出演电影了，而“电影”（表象）同样会有所变化，最初的表象或者可以理解为一部黑白无声电影，随后逐渐加入色彩和声音，此处的“声音”就来自暗示语言。

2. 表象的内容

（1）单个动作

单个动作指的是某个要求特别发力的姿势或动作，也可以包含一整套动作环节。情况允许的话，学生可以在完成动作时有意识地放缓速度，更好地体会动作要领和动作细节。

（2）组合动作

单个动作相互连接后的成果，也可以等同于某种战术上的配合。

（3）完整动作

完整动作本质上是一个完整的过程，起码有作为动态行为的完整性，参考依据是不同的运动项目的需要。

（4）成套动作

一般在比赛时进行，选手要完成成套的动作。通常流畅度和完成度越高，得分就越多。

（5）模拟比赛

教师可以在日常训练中还原比赛的环境条件，让学生对应完成整套的动作。

3. 表象的唤起和强化

教师通常采用直观感受和词语暗示两种方法来达到这一目标。

（1）直观感受

直观感受可以通过学生已融入记忆的感觉来激发表象，以最终强化动觉为目的。这里所运用的“感觉”最初都是指视觉，学生直接观看自己的动作回放或者别人的示范，之后再按部就班地加入听觉和触觉等内容，延伸到情绪方面的体验。

（2）语言暗示

用于给予暗示的词语应该具有积极健康、简洁明了、准确鲜明等特点，因为这些语言要激发一系列完整且清楚的运动表象，通过直观印象来强化学生的动觉。

（四）表象训练的时间

长期训练是表象训练中必不可少的一个环节，专业的运动员更是每天都要接受训练，但时间不宜过长，每次只要持续3～5分钟即可。运动员可以按三种模式选择训练的时间：赛前训练、赛后放松训练、贯穿式日常训练。比赛前的表象训练旨在为学生提供充分的心理准备，赛前即时展示成功动作的表象能够奠定比赛最终取胜的基础。在赛后的放松状态下进行表象训练，这个时候的表象比其他节点更加清晰，所以也方便完成训练。还有一种随时随地进行的表象训练，贯穿在学生的日常生活和训练实践当中。这种日常训练是有明显弊端的，学生的注意力明显不够集中，然而日常化的训练更加切合实际，也能够抓住碎片化时间，为表象训练积累更多的经验。

（五）表象训练应注意的几个问题

第一，正式开展训练之前，表象训练的内容和程序都是需要提前确定的，还要辅以一些词语暗示，措辞应简洁明了，并给予学生积极的暗示。

第二，如果学生处在表象训练的上手阶段，就需要为正式的练习做好准备的放松训练，充分凝聚练习时的注意力，进入高度集中状态，这些能使学生快速地融入表象的情景。

第三，在初次接触表象训练时，学生有必要营造足够安静的环境，进入一种稳定的个人状态，这样方便更顺利地掌握。

第四，表象动作的进展不必求快，上手阶段采用慢速是完全可以的。不过，也不能一直停留在滞缓的训练节奏中，要有意识地向正常的速度过渡，这样才能达到比较真实的表象。

第五，兴趣是表象训练实施中最重要的动力之一，只有学生发自内心地接受这种方式，并且充满热情，训练才会长期稳定地持续下去。

第六，应该选取学生自己最成功的动作来表象，这样收获的强化作用会更加明显。

第七，表象训练的进行不可急功近利。学生应严格遵循循序渐进的原则，开展符合系统性原则的训练。

第八，在描述内部感觉和直观知觉时，学生要有意识地采用第一人称来描述，突出个人大脑体验到的感受，直接审视自身的动作，为表象训练的开展提供支持。

第九，教师必须随时观察学生表象能力的变化和提高，为了做到这一点，可以采用心理测试或生物反馈技术之类的手段。

第十，表象训练要将运动项目的技术和比赛特点作为主要参考依据，这样做的主要目的是维系训练的针对性和有效性。

第十一，教师必须为学生提供足够真实的比赛情景，充分体现训练结合实际的原则。

参 考 文 献

[1] 郑豪．快乐体育教学法在中学体育教学中应用的难题及应用过程 [J]．内江科技，2022，43（6）：38－39．

[2] 马驰宇，贺元安．高校网球选修课教学中多元反馈教学法与传统体育教学法对比研究 [J]．工程技术研究，2022，7（8）：212－215．

[3] 朱元明．体教融合视域下高校传统特色体育教学法分析：评《体育课程论》[J]．热带作物学报，2021，42（8）：2472．

[4] 李奇．新课标思想改革下的体育教学模式评价：评《体育教学法新论》[J]．热带作物学报，2021，42（6）：1808．

[5] 孙玮．我国体育教学评价的理论思考与发展：评《体育教学法》[J]．林产工业，2021，58（5）：124．

[6] 杜以如．核心素养在高中体育教学中的必要性：评《体育教学法》[J]．科技管理研究，2021，41（7）：228．

[7] 关丽．浅谈高校跆拳道教学中快乐体育教学法的应用 [J]．当代体育科技，2021，11（7）：86－88．

[8] 毕岩智．基于中外体育教学模式分析探讨我国体育教育创新发展：评《体育教学法》[J]．中国油脂，2020，45（12）：167．

[9] 伍洋．快乐体育教学法视域下中职体育教学研究 [J]．当代体育科技，2020，10（20）：108－109；112．

[10] 许建政．高校排球教学中快乐体育教学法的应用 [J]．当代体育科技，2020，10（16）：26－27．

[11] 康涛，段智慧．谈快乐体育教学法在高校排球教学中的应用 [J]．才智，2020（10）：115．

[12] 李岩．快乐体育教学法在高校体育教学中的应用研究 [J]．当代体育科技，2019，9（35）：101；103．

[13] 张锦文．快乐体育教学法在高校排球教学中的应用策略分析 [J]．当代体育科技，2019，9（27）：114−115．

[14] 江展鹏．快乐体育教学方法在职业高中武术教学中的应用分析 [J]．当代体育科技，2019，9（25）：107−108．

[15] 杨绮．快乐体育教学法在高校排球教学中的应用探析 [J]．当代体育科技，2019，9（18）：68−69．

[16] 张瑞瑞．我国运动心理学研究的可视化分析 [J]．体育科技文献通报，2022，30（6）：230−23．

[17] 曹智．高校体育教学融入运动心理学教育的探讨 [J]．体育科技文献通报，2022，30（5）：182−184．

[18] 周颖乾．虚拟现实技术及其在运动心理学中的应用 [J]．内江科技，2021，42（8）：47−48．

[19] 周君一，杨丹，陈素峰，等．竞技体育中的运动心理学分析 [J]．心理月刊，2021，16（19）：228−230．

[20] 胡景超．运动心理学领域中自我谈话的综述研究 [J]．青少年体育，2021（4）：45−47．

[21] 赵祁伟，陆颖之，周成林．新兴技术融合发展下竞技运动心理学研究进展、实践与展望 [J]．上海体育学院学报，2020，44（11）：18−27．

[22] 高春刚，宋淑华．体育心理学教材演变历程及改革新方向 [J]．山东体育学院学报，2020，36（3）：114−118．

[23] 曹诗卉．浅谈运动心理学在体育教学中的应用 [J]．当代体育科技，2020，10（17）：25−26．

[24] 陈赞茜．运动心理理论在竞技体育中的运用 [J]．当代体育科技，2020，10（13）：251−252．

[25] 黄都平．高校体育教学融入运动心理学教育的分析 [J]．体育科技文献通报，2020，28（2）：53−55．

[26] 王钰，孙延林，戴群，等. 自我决定理论视域下运动心理学课程思政改革创新研究 [J]. 天津体育学院学报，2020，35（1）：17−22.

[27] 赵明，孙文芳，黄清. 我国运动心理学研究的知识图谱分析 [J]. 教育文化论坛，2020，12（1）：113−118.

[28] 蔡蓉. 体育运动的心理学实验理论与实操研究：评《体育运动心理学实验与测验指南》[J]. 中国测试，2019，45（9）：168.

[29] 蔡士凯. 体育学类本科专业体育心理学实验课程体系的建构 [J]. 周口师范学院学报，2019，36（5）：121−125.

[30] 谢天，王冰川. 国内运动心理学研究综述 [J]. 体育世界（学术版），2019，(5)：91−92.